스프링클러 이코노미

4차 산업혁명 시대, 통제하지 말고 스스로 성장하게 하라

스프링클러 이코노미

SPRINKLER ECONOMY

매일경제신문 4차 산업혁명 특별취재팀 지음

매일경제신문사

한국형 4차 산업혁명의 길을 찾아라

　전 세계가 4차 산업혁명의 소용돌이에 빠져들고 있습니다. 최근 미국 라스베이거스에서 열린 CES 2017과 스페인 바르셀로나에서 개최된 MWC 2017도 인공지능AI, 사물인터넷IoT, 자율주행차, 로봇, 가상현실VR 등이 주목받으며 4차 산업혁명의 경연장으로 탈바꿈했습니다. 2016년 1월 다보스포럼이 4차 산업혁명을 제시한 이후 불과 1년 만에 4차 산업혁명은 전 세계의 화두가 됐습니다.

　증기기관의 발명으로 시작된 1차 산업혁명, 전기가 일으킨 2차 산업혁명, 컴퓨터로 촉발된 3차 산업혁명과 달리 4차 산업혁명은 한 가지 기술이 아닌 여러 첨단 기술과 산업의 융합으로 나타나는 산업혁명입니다. 전문가들은 향후 4차 산업혁명이 가져올 변화는 3차 산업혁명보다 속도는 10배 더 빠르고, 경제적 효과는 3,000배 더 강하다고 말합니다. 전 세계를 휩쓸고 있는 4차 산업혁명은 산업의 경계를 허무는 것은 물론 국가의 경계까지 뛰어넘는 전 세계적

패러다임의 전환입니다. 4차 산업혁명은 기술 진보의 한 과정이기도 하지만, 현재 저성장에 신음하는 글로벌 경제의 새로운 돌파구가 될 수 있습니다.

4차 산업혁명의 물결에 맞서 한국은 어디로 가고 있습니까? 지금 한국은 도약하느냐, 낙오하느냐의 중대 기로에 서 있습니다. 노동, 자본 등 요소 투입형 경제로 산업화와 정보화 시대에 높은 경제성장률을 이어왔던 한국으로선 새로운 대전환기를 맞은 셈입니다. 혁신 기반의 경제 모델이 필요한 시대입니다. 4차 산업혁명은 기술 진보와 함께 혁신 생태계란 기반 위에서 그 추동력을 얻을 수 있습니다. 아이디어만 있으면 성공할 수 있는 '협업 생태계', 융합형 인재를 양성하는 '융합 교육', 법·규제·관행 등 사회의 경직성으로부터 자유로운 '유연 사회', 4차 산업혁명 플랫폼이 될 '경쟁 도시', 4차 산업혁명 정책을 우선순위로 추진할 수 있는 '디지털 리더십' 등이 4차 산업혁명 성공을 위한 조건이라고 할 수 있습니다.

매일경제신문은 '4차 산업혁명, 성공의 조건'이란 시리즈를 보도하면서 국내 언론사 최초로 일론 머스크 테슬라 최고경영자CEO와 인터뷰를 진행했습니다. 그는 인터뷰에서 "스마트 피플이 미친 듯이 일할 수 있어야 4차 산업혁명의 기술 진보가 시작된다"라고 밝혔습니다. 한국 현실에 큰 시사점을 던져주는 메시지입니다. "한국에는 미친 천재들은 있어도 미친 듯이 일할 생태계가 없다"라는 지적처럼 한국은 혁신 생태계 조성에 애를 먹고 있습니다. 현 정부의 창조경제혁신센터도 하나의 사례입니다. 창업 생태계 조성을 위해 정부와 대기업이 지원하는 시스템을 만들었지만 정치적 논란에 휩싸이면서 앞날이 불투명한 상황에 처했습니다.

한국은 4차 산업혁명의 후발 주자입니다. 4차 산업혁명을 주도할 기업, 그 기반을 만들어줘야 할 정부, 산업·고용 등 전 방위의 후폭풍에 적응해야 할 개인 모두 걸음마 수준에 머물러 있습니다. 매일경제신문이 산업연구원과 진행한 설문 조사에 따르면 응답 기업의 44.7%는 4차 산업혁명에 대한 대응을 전혀 하지 않는 것으로 나타났습니다. 특히 4차 산업혁명에 대비한 기술 개발을 진행 중이라고 응답한 기업은 15.9%, 투자를 진행하고 있다고 답한 기업은 11.3%에 그쳤습니다. 4차 산업혁명에 맞는 비즈니스 모델을 확보한 기업은 단 3.6%에 불과했습니다. 4차 산업혁명의 '퍼스트 무버First Mover'는 고사하고 '패스트 팔로어Fast Follower'조차 힘겨운 게 현실입니다.

한국은 '혁신 단절'이라고 불릴 만큼 혁신 유통 체계가 만들어지지 못하고 있습니다. 2016년 다보스포럼에서 스위스 최대 금융그룹 UBS가 발표한 세계 각국 4차 산업혁명 적응력 순위에서 한국은 25위를 기록했습니다. 기술 수준과 교육 시스템 등은 추격의 여지가 있는 것으로 분석됐지만, 법·제도·노동시장 등 사회적 인프라가 아직 선진국 수준에 이르지 못했기 때문입니다. 4차 산업혁명은 단순히 기술만의 문제가 아니라 노동시장, 규제 등 한 사회의 전반적인 시스템이 뒷받침돼야 하는 패러다임 변화입니다.

2017년 다보스포럼은 4차 산업혁명의 경제적 부가가치가 2025년까지 100조 달러에 이를 것이란 전망을 내놓았습니다. 향후 10년간 소비재, 물류, 자동차, 전력 등 10개 산업에서 창출될 수 있는 부가가치는 28조 570억 달러이고, 외부효과까지 감안하면 100조 달러 이상이라는 게 다보스포럼의 분석입니다. 이 거대한 전환기에서 한국이 살아남고 도약하기 위해선 한국 현실에 맞는 '한국형 4차 산업혁명'의 정착을 위한 마스터플랜과 액션플랜 마련이 절실합니다.

이 책은 매일경제신문의 '4차 산업혁명, 성공의 조건' 시리즈를 주도한 신현규 차장을 비롯해 특별취재팀 기자들 모두의 열정 덕분에 나올 수 있었습니다. 아무쪼록 이 책이 4차 산업혁명의 성공을 위한 방법론을 제시하는 소중한 지침서로서, 그리고 4차 산업혁명을 통해 도약하려는 기업들에게 훌륭한 안내서로서 역할을 할 수 있기를 기대합니다. 매일경제신문은 앞으로도 한국이 나아가야 할 길을 제시하는 데 모든 노력을 게을리하지 않겠습니다. 감사합니다.

매일경제신문 편집국장 서양원

추천사

내게 4차 산업혁명은 충격, 파괴 그리고 혁신이란 단어로 다가온다. 우리가 그동안 미래 먼 훗날의 일이라고 여겼던 것들이 현실화된다는 점에서 충격적이다. 인간이 태어나서 죽을 때까지 전 과정을 송두리째 바꿔놓을 것이기 때문에 파괴적이다. 이 모든 것이 우리는 별달리 배우거나 적응할 필요가 없기 때문에 혁신적이다.

요즘 어디를 가나 4차 산업혁명에 대한 이야기를 듣게 된다. 소위 미래 전망을 다루는 강연이나 미디어 등에서 거의 매일 4차 산업혁명을 다루고 있을 정도다. 대부분 4차 산업혁명의 긍정적 기능을 다루거나 4차 산업혁명 이후를 단순히 전망한 내용으로, 기술 중심의 논리를 전개하고 있고 각 기술 분야에서 분발해 더욱 기술 개발에 힘써야 한다는 내용이다. 과연 열심히 자율주행차를 만들고 인공지능 비서를 개발하면 4차 산업혁명의 선도 국가가 되는 것일까? 그리고 4차 산업혁명의 큰 조류 속에서 우리가 살아남을 수 있는 것일까? 《스프링클러 이코노미》는 이런 의문을 말끔히 정리해주는 책이라 하겠다.

우리나라가 가진 정보통신기술ICT 강국, 스마트폰 강국이라는 명성을 늘 자랑스럽게 생각한다. 그러나 과연 앞으로도 그럴까? 4차 산업혁명의 충격적 변혁 속에서 우리가 그 명성을 지켜낼 수 있을 것인가에 대해선 사실 걱정이 앞선다. 우리나라는 과거 아무도 주목하지 않았던 코드분할다중접속CDMA 통신 방식을 채택하고 전국적인 인프라에 과감히 투자했다. 이를 토대로 세계적인 반도체와 통신 기업들을 키워냈다. 이를 통해 사이버 공간에서 자유롭게 콘텐츠를 즐길 수 있는 세계적으로도 유래 없는 혁신적 정책들을 추진했다. 다른 나라들이 머뭇거릴 때 PC방 확산, 통신사 소액결제 시스템 도입 등 과감한 시도를 통해 지금의 통신 강국, 게임 강국의 위상을 갖게 됐다.

그러나 또 다른 혁명적 변혁의 시기인 지금, 과연 예전과 같은 과감한 개혁적 조치를 선제적으로 시행하고 국민적 협의를 도출해낼 수 있을까? 이 책에서는 바로 이런 질문에 대해 단순히 우려만 표명하는 것이 아니라 손에 잡히는 구체적 대안을 제시해주고 있다. 이 책에서 제시하고 있는 5가지 성공의 조건 중에서 '유연한 사회'와 '포용 리더십'은 특히 우리나라에 시급히 필요한 조건이다. 4차 산업혁명의 파괴력과 충격은 가히 상상을 초월한다. 현실 공간과 가상 공간의 혼재, 인공지능 로봇과의 공존, 모빌리티에 대한 근본적인 개념 변화 등과 이를 통해 재구성될 우리 삶의 행동 양식들, 이동 방식, 소비 행태, 법적 해석 등 이루 헤아릴 수 없는 변화가 우리를 기다리고 있다.

직업·학습·학위·시대에 대한 개념 재정립, 인공지능 로봇에 대한 법적 인격 부여 등 4차 산업혁명은 우리 일상 구석구석까지 큰 변화를 가져오는 혁명이기 때문에, 우리 사회 전 구성원의 참여와 협의가 필수적이다. 누군가 혁신적으로 추진하고 대비해야 하며 이로 인해 발생할 탈규범적 문제를 사회 구성원 모두의 합의로 극복해 나가지 않으면, 단순히 기술 개발만으로는 해결할 수 없는 디스토피아가 펼쳐질 수도 있다. 그런 점에서 이 책은 4차 산업혁명이 성공하기 위한 조건의 의미를 제시하고, 우리가 얼마나 시급한 문제에 직면해 있는지 깨닫게 해주는 책이다. 또한 우리 사회 구성원 모두가 필독하고 공유해야 할 책이라 할 수 있다.

본투글로벌센터장 김종갑

CONTENTS

혁명은 이미 시작되었다

스프링클러 이코노미로
혁신의 길을 열어라

3부

혁명의 게임에서
승리하기 위한 4가지 열쇠

4부

4차 산업혁명 시대,
이런 전략이 필요하다

1부

혁명은 이미
시작되었다

S P R I N K L E R
E C O N O M Y

혁명,
피할 수도 없고
피해서도 안 된다

　　과학기술에 관심이 많은 한 기자는 밤늦게 야근을 마치고 신문사 1층으로 내려오던 중 갑자기 '대체 왜 과학자나 기업들은 인공지능이나 드론 따위를 개발하는 거지?'라는 질문을 떠올렸다. 그런 기술들 때문에 은행 창구의 직원들이 직업을 잃고, 식당에서도 배달부를 고용하는 일이 줄어들 것이기 때문이다. 신문에서는 늘 '일자리가 경제성장에 중요하다'라는 기사들이 제목으로 뽑히곤 하는데, 정작 일자리를 줄이는 기술이 적극적으로 개발되고 있다는 게 도통 이해가 되질 않았다. 게다가 그런 기술들이 4차 산업혁명이라는 이름으로 포장되어 활발하게 상품화되고 있다니 참으로

매일경제신문이 2016년 빅데이터로 11년간의 정책 키워드를 추적한 결과 '성장, 복지, 일자리, 북한, 미국, 통일'이 한국 사회의 주요 정책 이슈들로 밝혀졌다. 특히 2012년 이후 '일자리'가 가장 중요한 정책 키워드로 꼽힌다. 국민의 일자리 욕구가 사회 전반에 더 큰 파급력을 미친 것이란 해석이다.

아이러니한 일이었다. 필자들이 이 책을 쓰게 된 계기 또한 바로 이 질문에서 비롯됐다. "대체 집단으로서의 인류는 무슨 생각을 가지고 인간을 대체할 새로운 존재를 만들어내고 있는 것일까?"

섣불리 해답을 제시할 생각은 없다. 그러나 답을 풀어낼 수 있는 첫 단추는 어떤 경제 관련 세미나에서 우연히 발견할 수 있었다. 그건 차트 하나였다. 그러나 여기에는 어떤 학자들이 4차 산업혁명에 대해 이야기하는 것보다 많은 의미가 담겨 있었다.

조금 자세한 설명이 필요하니 구체적으로 들여다보자. 맥킨지글로벌연구소가 유엔과 미국 컨퍼런스보드 데이터를 분석한 바에 따르면 지난 50년간 주요 20개국 연평균 경제성장률은 3.5%였다. 이 중 인구 증가로 인한 성장률이 1.7%, 기술 진보로 인한 성장률은

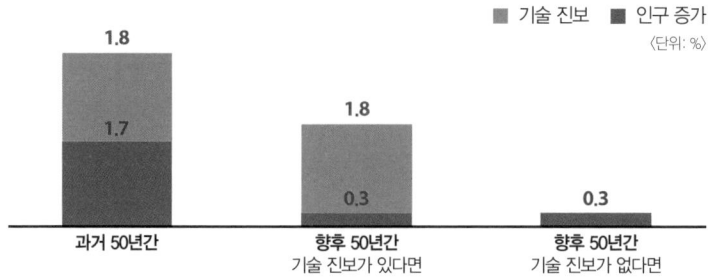

■ 기술 진보 ■ 인구 증가

〈단위: %〉

연평균 GDP는 주요 19개국과 나이지리아 등 20개국을 평균한 값.
자료: 맥킨지글로벌 연구소MGI, 유엔, 미국 콘퍼런스보드

1.8%로 분류되었다. 그러나 앞으로 50년간은 주요 국가들의 고령화
와 인구 감소 추세 때문에 인구 증가로 인한 성장률이 연평균 0.3%
에 그칠 것으로 맥킨지는 예상했다. 인구 증가로 인한 성장률이
1.7%에서 0.3%로 절벽처럼 급락하는 셈이다. 뱅크오브아메리카메릴
린치에 따르면 중국의 생산가능인구인 16~59세의 사람들이 2016
년부터 2050년까지 2억 1,200만 명 이상 감소할 전망이다. 이는 대
한민국 인구 규모의 국가 4개가 한꺼번에 지구상에서 사라진다는
것을 의미한다. 중국 국가통계국에 따르면 중국의 생산가능인구는
이미 급감 추세에 있다. 2012년 345만 명, 2013년 244만 명, 2014
년 371만 명, 2015년 487만 명이 감소했다.

그렇다. 저성장은 예고돼 있다. 인구 증가로 인한 성장률이 지난
50년간의 1.7%에서 향후 50년간 0.3%로 확 줄어들 것임이 너무나
도 뚜렷하게 보이고 있다. 큰일이 이미 벌어진 것이나 다름없다. 전

세계 경제가 이처럼 낮게 성장한다는 것은 약 100년 동안 전 세계의 평화를 유지했던 정치·경제 체제의 균열을 의미한다. 이미 전 세계의 불평등 문제와 신고립주의의 형태로 문제는 터져 나오고 있다.

트럼프 대통령의 당선과 브렉시트 등은 그런 근본적 저성장의 문제에서 파생된 현상이라고 봐야 한다. 경제가 성장했다면 영국은 EU를 떠났을까? 경제가 성장하여 미국 내륙부 지방의 경제가 성장하여 잘살 수 있었다면 러스티벨트(과거 산업 구조에 맞춰져 이미 성장의 녹이 슬어버린 미국 중부 도시들)의 미국 주민들이 트럼프를 지지할 수 있었을까? 이런 미증유의 문제들을 방지하기 위해 2010년 이후 수년간 경제협력개발기구OECD, 국제통화기금IMF, 세계경제포럼WEF 등 수많은 기관과 포럼들이 성장을 어떻게 끌어올릴 수 있을지를 연구하고 논의해왔다. 중앙은행들로 하여금 돈을 풀게 했고, 정부는 빚을 져가면서도 유효 수요를 창출하기 위한 재정 확장 정책을 펼쳤다.

그러나 한계가 있었다. 돈을 아무리 풀어도 성장률은 예상만큼 올라가지 않은 것이다. 이는 무엇을 의미할까? 이 책을 쓰는 필자들의 관점에서 풀어보면 이렇다. "기술의 진보가 일어나지 않을 경우 인구 감소로 인한 성장 하락을 메울 대안이 없다." 관성처럼 돌진하던 세계 경제가 갑자기 저성장 국면으로 들어설 때는 큰 충격을 야기한다. 지구적 안정을 유지해오던 세계 체제가 불평등과 자국이기주의라는 병 때문에 깨어질 수 있다. 그러나 성장이 이뤄지면 이 모든 문제가 해결되기 시작한다. 4차 산업혁명이란 이처럼 절박한 세계 체제 유지의 필요성에서 시작하고 있다. 이데올로기에 가까운 '성장 중심주의'라고 해도 좋다. 그러나 성장이 없으면 전 세계는 분열될 것이고, 불평등은 심화될 것이며, 인류는 전체적으로 불행해질 것이다.

역사적으로 봐도 인류가 발견한 저성장의 근본적 해결책은 기술의 진보였다. 전 세계가 적어도 2% 이상 성장률을 유지하려면 인구 감소의 손해만큼을 기술의 진보가 메워줘야 한다. 만일 4차 산업혁명을 성공적으로 진행하지 못한 결과로 기술의 진보가 전혀 이뤄지지 않는다면, 향후 50년간 장기 성장률은 연평균 0.3% 수준에 고착된다. 이는 중세시대 수준이다. 앵거스 매디슨Angus Maddison 버클리대학교 경제학과 교수는 1차 산업혁명 직전인 1000~1820년 동안의 전 세계 연평균 경제성장률을 0.22%로 추정했다. 그 암흑기가 다시 도래한다는 얘기다.

그런데 이런 암흑기의 도래는 한국에게 단지 암흑기가 아닌 재앙으로 다가올 것이다. 한국은 기술의 진보 없이 요소 투입의 증가로 인한 성장의 한계를 뼈저리게 맛본 당사자였다. 폴 크루그먼Paul Krugman 프린스턴대학교 교수는 1995년 외교 전문지 〈포린어페어스 Foreign Affairs〉에 기고한 '아시아 기적의 신화The Myth of Asia's Miracle'에서 동아시아 경제의 눈부신 성장은 자본과 노동 등 생산 요소의 투입 증가 때문에 발생했고, 기술의 진보는 미미했기 때문에 곧 성

조엘 모키르
미국 노스웨스턴대학교 교수
(사진 제공: 위키미디어
커먼스)

장에 한계를 보일 것이라고 주장했다. 그리고 외환 위기를 통해 그의 경고가 현실화되었다. 거품이 걷히면서 해외의 자본들이 한국에서 자금을 급속도로 빼기 시작했고, 외환 보유고가 바닥이 나면서 경제는 파탄이 났다.

이는 필자들만의 주장이 아니라 다수의 경제학자들이 논쟁을 통해 정립해나가고 있는 논리들이다. 예를 들어 조엘 모키르Joel Mokyr 미국 노스웨스턴대학교 교수는 필자들과의 인터뷰에서 "4차 산업 혁명 시대에 등장하는 지식 기반의 기술 혁신 사례들이 과거와는 질적으로 다르기 때문에, 지금처럼만 하면 저성장의 돌파가 가능하다"라고 주장했다. 그의 이런 논리는 4차 산업혁명에 정당성을 부여하고 있다. 모키르 교수에 따르면 증기기관의 발명으로 시작된 1차 산업혁명, 전기가 가져온 2차 산업혁명, 컴퓨터가 일으킨 3차 산업혁명 등 전 세계 경제성장의 대약진인 '퀀텀 점프Quantum Jump'에는 항상 기술 혁신이 있었다. 하지만 그는 "과거에는 기술 혁신이 경제성장으로 이어지는 과정에서 '왜'에 대한 답이 부족했기 때문에 기술이 우물 안 개구리 식으로 갇혀만 있었다. 그러나 4차 산업혁명 시대인 지금은 기술 혁신이 과학에 기반하고 있기 때문에 지속성을 가질 수 있고, 기술을 활용해 새로운 제품을 만들어내면서 성장을 이어갈 수 있다"라고 주장했다. 과학적 성과가 기술 혁신을 촉진하고 기술 혁신은 다시 과학적 발견을 이끄는 상호작용을 통해 기술의 변화가 이뤄지고 있다는 것이다. 그는 "기술 혁신은 선진국 경제의 성장을 더욱 촉진하는 허리케인이 될 수 있다"라고 단언했다.

그는 어떤 근거로 이런 주장을 펼치는 것일까? 모키르 교수는 2014년 노벨 화학상을 수상한 슈테판 헬Stefan Hell과 에릭 베치그Eric Betzig가 발명한 '나노 현미경'을 예로 들었다. 그는 "나노 현미경의 발명으로 과거의 현미경은 옛것이 돼버렸고, 망원경 역시 이젠 우리가 믿었던 우주의 모습마저 바꿀 수 있는 우주 망원경으로 진화했다"라고 설명했다. 모키르 교수는 "반도체의 성능은 18개월마다 2배로 증가한다는 '무어의 법칙'만큼 폭발적인 속도로 컴퓨터 성능이 진화하고 있다. 컴퓨터의 진화로 컴퓨터 물리학, 컴퓨터 생물학과 같은 완전히 새로운 학문이 생겨났고, 특히 양자 컴퓨터의 발명은 우리가 상상할 수 없는 속도로 많은 산업을 혁신시킬 것이다"라고 말했다. 특히 경제성장이 오히려 기술 혁신의 속도를 따라

잡지 못하고 있다는 게 모키르 교수의 진단이다. 그는 "지금의 기술 혁신은 더 많은 제품만이 아니라 더 좋은 제품과 상상할 수 없었던 더 다양한 제품을 만들어내기 때문에 국내총생산GDP 성장률만으로는 다 반영할 수 없을 정도이다"라고 했다. GDP라는 수치에 미처 잡히지 않는 경제적 풍요가 이 세상에 충만해 있으며, 우리는 생각하는 것보다 더 많은 성장을 이뤄내고 있다는 이야기이다.

모키르 교수의 주장은 경제학자들이 기술 진보에 대해 갖는 낙관론을 보여주는 단면이다. 이제 다시 앞에서 등장했던 기자의 질문으로 돌아가보자. 왜 기술은 진보해야만 할까? 왜 인간은 인간을 대체할 존재를 만들어야 할까? 답은 이렇다. 막을 수도 없고, 막아서도 안 된다. 그걸 막는다 해도 누군가는 성장을 위해 기술을 개발할 것이다. 저성장이 닥쳤을 때의 참변을 아는 한국의 정치권과 국민들은 두 번 다시 그런 고통을 맛보지 않으려 기술 개발을 촉구할 것이다. 그래서 막을 수 없다. 그걸 막는다면 성장이 멎으면서 평화의 붕괴라는 참변을 당할 것이다. 그래서 막아서는 안 된다. 이 길의 끝이 인간이라는 종의 멸망일지는 아무도 알 수 없지만, 4차 산업혁명이라는 멈출 수 없는 인력이 인류를 끌어당기고 있음은 분명하다.

기득권을
향해 반란을 일으켜라

드론이 물건을 배달하고, 자율주행차가 도시를 활보하며, 3D 프린터가 공장을 대체하고, 인공지능 로봇이 인간의 업무를 대신하는 세상. 우리가 흔히 떠올리는 4차 산업혁명의 이미지이다.

4차 산업혁명은 '기술 융합으로 기존 1차(농·축산업), 2차(제조업), 3차(IT·서비스업) 산업 구조가 근본적으로 변화하는 현상'으로 짧게 요약된다. 원래 돈을 벌던 방식인 게임의 룰이 새로운 융합 기술의 도전 때문에 180도 전환하는 현상이다. 은행 창구 직원들이 인공지능으로 대체되거나, IT 회사인 우버Uber가 갑자기 택시 사업에 뛰어들어 운송업계의 판도를 바꿔버리는 것이 예라 할 수 있다. 그 결과

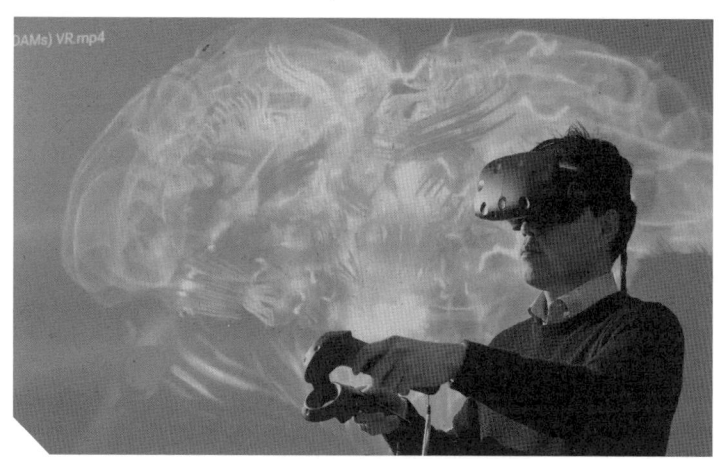

인공지능 회사 솔트룩스가 개발한 인공지능 '아담ADAM'과 취재팀
기자가 가상현실VR 기기를 통해 대화하고 있다. (사진 제공: 매경DB)

기득권에 자리를 잡고 있던 기업들은 끊임없이 혁신을 하지 않으면
살아남을 수 없게 됐다. 또, 새롭게 산업에 진입하려는 기업(주로 스
타트업)들이 기득권에 자리 잡은 기업들을 파괴하거나, 함께 협력하
면서 기술들을 진보시킨다. 게임의 법칙이 변화하는 과정에서 기술
은 진보한다. 그리고 그 기술의 진보가 성장주의에 기반을 둔 전 세
계의 평화 체제를 유지시킨다. 그러나 이제까지 기술의 진보가 자
동적으로 돈만 투자하면 이뤄지는 것은 아니었다.

　　과거 수많은 인재와 자금들이 실리콘밸리에 투입됐지만 기술의
진보가 더디었음을 질타한 사람이 있다. 바로 필자들과 인터뷰한
테슬라 창업자 겸 CEO 일론 머스크Elon Musk이다. 그는 이메일 인
터뷰를 통해 "사람들은 기술이 가만히 놔두면 진보하는 줄 알지만

일론 머스크
테슬라 창업자 겸 CEO
(사진 제공:
위키미디어 커먼스)

사실은 그렇지 않다"라고 말했다.

실리콘밸리에 자금이 지속적으로 투입됐지만 산업 구조의 틀을 뒤바꿀 수 있을 정도의 혁명적인 변화가 있어야만 기술은 진보를 시작했다. 머스크는 이런 현상을 "똑똑한 인재들이 미친 듯이 일해야만 기술은 진보를 시작한다"라고 표현했다. 머스크가 말하는 '미친 듯이 일할 수 있는 환경'을 필자들은 기존의 틀을 바꿈으로써 자신의 존재감을 확인할 수 있는 '조건'들이라고 해석한다. 즉, 혁명이자 기존에 자신을 길러준 기득권층에 대한 반란이 그들을 미친 듯이 일하게 만든다. 적어도 이런 젊은 인재들의 노력이 기술의 진보로 이어지려면 이들이 이끌어내는 변화가 기존 인간의 삶 일부를 변화시키는 양태로 이어져야 한다는 얘기다. 머스크가 2004년

테슬라로 전기차 시장을 처음 열어젖혔을 때, 2002년 스페이스X로 우주여행을 공언했을 때, 그리고 2006년 솔라시티로 태양광 산업 도전에 나섰을 때, 사람들이 관심을 가지면서 서서히 관련 시장들이 열렸고 산업 구조도 바뀌어가기 시작했던 것처럼 말이다.

실제로 머스크는 인터뷰를 통해 기득권층을 비판하는 언급들을 내놓았다. 그는 "스페이스X에 뛰어든 것은 당시 누군가 나서서 로켓 기술을 발전시키지 못하면 인류가 지구라는 행성에 영원히 머무를 수밖에 없다고 판단했기 때문이었다. 당시 거대 항공사들은 우주여행이라는 급진적 혁신에 관심이 없는 것처럼 보였다"라고 설명했다. 전기차 회사 테슬라도 마찬가지다. 머스크는 "변화가 없다면 지금의 자동차 회사들이 생존할 수 있는 확률이 극히 낮다고 생각했다"라며 자율주행 전기차에 뛰어든 배경을 설명했다. 결국 그가 갖고 있었던 것은 기존 산업 구조 하에서 안주하고 있는 기득권층에 대한 비판 의식이었고, 그런 판을 바꿔보겠다고 뛰어들면서 그는 기술의 진보를 선도하는 자리에 서게 됐다.

기술은
알아서 진보하지 않는다

이미 산업의 판은 바뀌고 있다. 아주 현실적인 예를 하나 살펴보자.

글로벌 물류 시장의 양대 산맥 중 하나인 UPS는 2016년 9월 싱가포르에 공장을 하나 세웠다. 3D 프린터로 각종 기계에 들어가는 부품들을 제조하는 공장이다. 물류회사가 제조업을, 그것도 대형 공장에서나 생산할 만한 기계 부품을 만들겠다고 나선 이유가 무엇일까? 미국 실리콘밸리의 소프트웨어 회사인 SAP 본사에서 열린 '제조업의 미래' 세미나에 등장한 앨런 암링Alan Amling UPS 이사는 "우리는 이제 아시아에서 주문형 3D 프린팅 공장과 물류 네트워크

물류회사인 UPS는 4차 산업혁명 시대에서 살아남기 위해 기존 업계의 고정관념을 뛰어넘는 과감한 시도를 택했다. (사진 제공: 위키미디어 커먼즈)

를 함께 구축한 최초의 통합 서비스 회사가 됐다"라고 선언했다.

UPS가 제조업에 나선 핵심 이유는 글로벌 유통망을 장악하게 되면서 축적된 데이터 때문이다. 이들은 어느 순간 고객이 주문한 물건을 단순히 배달하는 것을 넘어 주문을 예측할 수 있다는 사실을 깨달았다. 이후 UPS는 3D 프린팅 공장에 대한 과감한 투자를 결정한다. 암링 이사는 "제품을 배달만 해왔던 UPS가 이제는 고객이 원하는 제품을 제때 만들어서 배달하는 회사로 바뀔 수 있게 된 것이다"라고 설명했다. 오후 5시까지 부품을 주문하면, 한국, 일본을 포함한 아시아 주요 국가에 24시간 내로 배달할 수 있게 된다. 재고가 없는 제조업이라는 꿈이 달성되는 것은 물론, 운송 비용이 감소하고 생산 시간이 줄어들며, 신속한 시제품 제작으로 불필요한 비용이 줄어든다.

더 흥미로운 것은 UPS가 3D 프린팅 산업을 자신들에게 가장 큰 위협 요인이라고 느꼈다는 점이다. 이 회사는 대형 물류센터를 비롯해 비행기, 트럭 등 운송 설비들을 대량으로 보유하고 있는데, 3D 프린팅은 이 자산들을 모두 무용지물로 만들 위해 요소였다. 그러나 UPS는 파괴적 기술을 적극적으로 품고 오히려 기회로 만들기로 했다. 이런 변신으로 UPS가 지향하는 바는 기존 산업의 구조적 파괴, 또는 '게임 체인지'이다. 무언가를 만드는 제조업과 무형의 가치를 제공하는 서비스업이 합쳐지는 '제조 서비스업'의 본격화를 의미한다. 단순히 공장에서 만들어진 제품에만 부가가치가 내재되는 것이 아니라, 고객들이 원하는 시기와 방법으로 제품을 배달해주는 서비스를 합친 융합 그 자체에 부가가치를 넣은 것이다.

UPS의 3D 프린팅 아시아 공장은 4차 산업혁명이, 기존 산업들이 갖고 있던 부가가치 창출의 법칙을 바꿔가고 있다는 점을 보여주는 사례다. 비단 제조업과 서비스업의 융합뿐만이 아니다. 이런 사례는 모든 산업에 걸쳐 일어나고 있다.

필자들은 네덜란드 현장 취재를 통해 정보통신기술ICT과 농업이 결합하면서 1차 산업인 농업에서도 부가가치 창출의 법칙이 변화하고 있음을 깨달을 수 있었다. 벨기에와 네덜란드의 접경 지역에 위치한 네덜란드의 농업 기업 로열페퍼스Royal Peppers는 축구장 12개 크기의 농장에서 연간 약 4200t의 파프리카를 생산하고 있다. 일하는 사람은 55명이나 ICT의 접목으로 업무의 대부분이 자동화되었으며, 온실 하나당 태블릿 PC 한 대로 제어한다. 유리 온실 바깥에는 파프리카를 운반하는 무인 자동차가 놓여 있다.

로열페퍼스의 경영매니저인 알베르잔 드용Albergian Dejong은 인터뷰에서 "신기술의 적용을 통해 생산성을 높여나가고 있다"라고 말했다. '인공지능, 데이터과학, 사물인터넷 등 ICT의 발전으로 기존의 산업 구조가 뿌리째 흔들리는 변화'로 정의되는 4차 산업혁명은 네덜란드의 농업에도 예외 없이 적용되고 있다. 2000년 9만 7,389가구에 달하던 네덜란드의 농가는 2016년 5만 5,364가구로 줄었지만, 농가당 평균 경작지는 2000년 20ha에서 2016년 32ha로 꾸준히 늘었다.

인간은
더 이상 경쟁력이 없다

　　경제는 성장해야 하겠고, 성장하려니 기술을 진보시켜야 하겠고, 기술이 진보하려니 산업의 판이 바뀌어야 하는 상황이다. 그리고 산업의 판이 바뀌면서 일반 시민들은 수동적으로 4차 산업혁명이 이끄는 경제적 변화를 받아들여야 하는 처지가 됐다. 그런데, 이게 영 달갑지 않다. 신문기사를 로봇이 쓰고 증권사 애널리스트, 의사, 법조인들의 서비스가 인공지능으로 바뀌는 것은 해당 업종에 종사하는 사람들에겐 슬픈 일이다. 이는 사회적으로도 힘든 일이기도 하다. 기존 산업에 몸담고 있던 누구도 4차 산업혁명이 끌고 오는 변화의 물결에서 자유롭기 어렵기 때문이다.

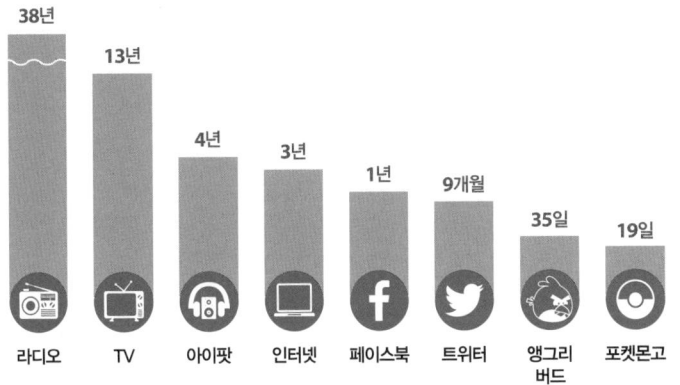

│ 전자제품이 전 세계 사용자 5억 명 확보까지 걸린 시간

38년	13년	4년	3년	1년	9개월	35일	19일
라디오	TV	아이팟	인터넷	페이스북	트위터	앵그리 버드	포켓몬고

자료: 맥킨지글로벌연구소, 대영박물관

　게다가 변화의 속도는 일반 사회 구성원들이 받아들이기 어려울 정도로 점점 빨라지고 있다. 맥킨지글로벌연구소의 조나단 워첼Jonathan Woetzel 이사는 "라디오가 전 세계 사용자 5억 명을 확보하기까지 걸린 시간은 38년이다. 그러나 증강현실 게임 '포켓몬고Pokémon GO'가 같은 수의 고객을 확보하기까지는 19일밖에 걸리지 않았다"라고 말했다. 세계경제포럼 창립자인 클라우스 슈밥Klaus Schwab은 4차 산업혁명의 핵심적 특징이 바로 이런 기술 전파의 가속화라고 이야기했다.

　가장 현실적으로 다가오는 부분은 내 직업이 기계에 의해 대체된다는 위기감이다. 이는 엄연한 현실이다. 인공지능, 5세대 이동통신 등을 앞세운 4차 산업혁명은 점점 인간의 일자리를 위협하고 있다.

매일경제신문은 영국 옥스퍼드대학교 마틴스쿨이 연구한 직업의 로봇 대체 확률의 한국판 서비스를 통해 총 582개 직업이 향후 20년 내에 대체될 확률과 전체 직업 중 순위 등을 공개했다.

로봇으로 바뀔 확률이 가장 높은 직업은 전화 상담원이었다. 그 확률이 무려 99%나 된다. 사라질 직업 1순위다. 지금도 자동응답시스템ARS으로 많이 대체될 정도로 위협받고 있다. 단순 회계 업무에 종사하는 회계 관리인(99%)과 스포츠 경기 심판(98%)도 대체율이 높았다. 숫자 계산이나 고도의 정확성을 요구하는 직업은 아무래도 기계나 컴퓨터가 비교우위를 가지고 있기 때문이다. 부동산 중개인 (97%)도 대체율이 높은 직업으로 꼽혔다. 에어비앤비Airbnb 등 플랫폼 기반 온·오프라인 연계 서비스인 O2OOnline to Offline가 확산되면서 단순 중개 업무는 인간이 더 이상 경쟁력을 발휘할 수 없는 분야가 되고 있다. 택배 기사도 대체율이 94%나 된다. 드론 택배가 현실화하는 날 택배 기사란 직업도 사라질 수 있다. 특히 한국은

| 대체 확률 상·하위 직업 5개

〈단위: %〉

직업	대체율	직업	대체율
전화상담원	99	상담치료사	0.31
스포츠 심판	98	사회복지사	0.35
은행 창구 직원	98	외과의사	0.42
부동산 중개인	97	초등학교 교사	0.44
택배 기사	94	성직자	0.81

다른 선진국보다 로봇 대체 확률이 높은 직업이 많은 것으로 나타났다.

아직까지 인간이 우위에 있는 직업은 인간의 감성과 연관된 직업이다. 가장 대체율이 낮은 직업은 심리 상담, 심리 재활 등을 하는 임상심리사로 대체 확률이 0.28%에 불과하다. 비슷한 분야로 볼 수 있는 정신 건강 상담치료사(0.31%), 음향치료사(0.33%), 사회복지사(0.35%) 등도 대체 확률이 낮았다. 안무가(0.4%), 의상 디자이너(0.49%) 등 창의성이 중요한 예술가들도 대체 불가 직업으로 조사됐다. 가수(7.4%)는 상대적으로 대체 확률이 높았지만 로봇 가수가 사람 가수를 대체하는 경우는 드물 것이다. 교육 분야 역시 기계 대체율이 낮은 분야였다. 초등학교 교사는 대체율이 0.44%에 불과했다. IBM에서 개발한 왓슨Watson이 병원에서 인공지능 의사로 활약한다지만 의사 역시 아직까진 사람이 필요한 직업으로 분석됐다. 외과의사의 대체율은 0.42%로 분석됐다. 이 책의 부록에는 582개 직업의 대체 확률이 수록되어 있다.

2016년 12월 26일, 영국의 경제 일간지 〈파이낸셜타임스Financial Times〉의 기자들은 5년에서 10년 사이에 퇴출될 위기의 업종들 5가지를 열거했다. 시내 여행사, 소규모 부품 제조업과 소매상, 차량 보험사, 금융 자산 관리사, 차량 정비업소 및 차량 렌털 사업 등이 선정됐다. 그런데 이들을 선정한 주체는 누구일까? 바로 〈파이낸셜타임스〉 기자들이었다. 물론 기자들이 뜨는 업종과 지는 업종을 잘 선별하는 눈을 가졌을 수도 있다. 그러나 이들의 선별은 기자들의 '의견'이지 객관성을 담보할 수 있는 과학적 방법은 아니다. 적어도 과학적 방법으로 미래를 예측하려면 여러 번 같은 예측을 했을 때 일관적인 결과가 나와야 하는데, 기자들의 기분이나 마음이 바뀌면 같은 질문에 다른 답이 나올 수도 있는 것이니 과학적이라고 할 수는 없다.

사실 〈파이낸셜타임스〉가 했던 것 말고 더 과학적인 방법들이 있다. 2003년 미국의 경제학자 데이비드 오토David Autor, 프랭크 레비Frank Levy, 리처드 머네인Richard Murnane은 단순 반복이 가능한 직종의 경우 기계로 인해 대체될 확률이 높다는 아이디어를 처음으로 제시했다. 이후 2010년에 또 다른 학자 대런 애스모글루Daron Acemoglu와 데이비드 오토는 이를 발전시켜 미국 직업의 대체 확률을 구체적으로 계산해냈다.

그런데 오늘날 직업 대체의 현실적 위협을 받고 있는 법률가나 애널리스트의 업무가 반복적이라 볼 수는 없지 않을까? 그래서 이들이 계산한 직업 대체의 확률은 맞지 않는 것이 되어 버렸다. 다른 방법론이 필요한 것이다.

　김세움 한국노동연구원 박사가 이 책에서 제시하는 직업 대체 확률 추정 방식대로 계산한 바에 따르면 미국은 직업의 47%, 한국은 52%, 중국은 77%까지 향후 20년 이내 대체될 가능성이 있다. 직업의 절반이 대체될 수 있다는 것은 보통 심각한 문제가 아니다.

　그런데, 아마 4차 산업혁명으로 직업이 대체될 확률에 대해 관심이 많은 독자들이라면 '4차 산업혁명 직업 대체 가능성, 한국이 가장 낮다' 등의 뉴스들을 본적이 있을 것이다. 이는 한국 직업의 절반이 4차 산업혁명 때문에 사라진다는 주장과는 다른 것이다. 당연히 계산하는 방법론이 다르기 때문에 결과도 달리 나온 것이다. 실제로 OECD가 계산하는 방식은 이 책에서 제시하는 방법론과 매우 상이하다. OECD의 가정은 직업이 바로 대체되는 것이 아니라 직업의 업무가 대체된다는 가정이다. 따라서 대체될 수 없는 직무를 가진 직업이 있다면 그 직업은 사라지지 않는다는 것이 OECD의 가정이자 주장이다. 맥킨지가 이걸 그대로 인용해 연구를 했고, 한국 정부도 이런 입장을 수용하고 있다.

　하지만 OECD의 추정 방법론에는 중요한 문제가 있다. 버스 운전수의 업무 영역 중 사람을 상대하는 부분이 분명히 있긴 하지만, 그렇다고 하여 그 직업이 사라지지 않을 것이라는 가정이 합당하냐는 의문이다. 인공지능이나 로봇 같은 기술들이 인간의 모습만을 따라갈 것이라고 믿을 수는 없다. 1897년 처음으로 만들어진 비행기는 하늘을 나는 새처럼 인간 파일럿이 직접 날갯짓을 하도록 만들었다. 하지만 그래서는 문제를 해결할 수 없었다. 프로펠러와 제트기라는 완전한 발상의 전환이 인간을 하늘로 올려보낼 수 있었고, 기술은 그렇게 발전한다.

따라서 어떤 직업이 대체될 확률은 그 직업을 대체하고자 하는 필요성needs에 의해 판단해야 한다. OECD가 판단하고 있는 것처럼 지금 보기에 그 직업이 얼마나 대체하기 어려운지의 난이도를 갖고 판단해서는 안 된다. 기술이 어떻게 진보할지 모르기 때문이다. 다양한 직업 대체 확률들을 검토했지만 이 책에서 영국 옥스퍼드대학교 마틴스쿨의 연구 결과를 인용한 이유는 이런 배경 때문이다.

혁명은
약탈자인가, 새로운 축복인가

     사회 구성원들은 노동력을 공급하는 존재인 노동자이면서, 동시에 상품을 구매하는 존재인 소비자이기도 하다. 4차 산업혁명이 야기하는 변화는 노동자에게는 직업의 위협이지만, 소비자 차원의 개인에게는 선택을 넓히고 보다 값진 삶을 살 수 있게 하는 고마운 존재로 다가온다. 이런 분열된 상황을 해결하기 위해 기본소득Universal Basic Income이라는 제도가 논의되고 있다. 개인의 직업은 위협받는 한편, 소비할 것은 늘어나니 정부가 개인들에게 소득을 보조해주어야 하는 것이 아니냐는 논리다. 필자들은 북한에서 실시하는 배급제와 본질적으로 크게 다를 것이 없는 기본소득제를 대놓고 비판할 필요성을 느끼지는 못한다. 인간의 사회·경제적 삶의 기반이 지금과 확연히 달라지는 미래에는 기본소득제가 정착되어야 할 필요성이 제기될지도 모른다. 다만, 성장을 전제로 하는 4차 산업혁명 시대에 기본소득제를 논하는 것은 기술 진보를 하지 말자는 이야기와 다를 바 없으며, 4차 산업혁명 자체를 부정하는 것과 같다는 점만은 지적해둘 필요가 있을 것 같다.

분명한 것은 4차 산업혁명이 사회 구성원들에게 직업을 앗아가는 약탈자로만 남지는 않을 것이라는 점이다. 4차 산업혁명의 또 다른 특징은 인간과 기계 간 의사소통의 혁신이라고 할 수 있다(그래서 우리나라 정부는 이를 '지능정보화 혁명'이라고 부르기도 한다). 기계는 인간보다 뛰어난 측면이 분명 있다. 계산이 정확하고, 반영구적인 기억력을 갖고 있으며, 전력이 공급되는 한 지치지 않는다. 알파고가 대국에서 이세돌 9단을 이길 때 보여주었듯이, 사고 능력 또한 인간을 앞지를 수 있다. 그런 기계가 보다 효율적으로 인간과 의사소통을 할 수 있는 방법들이 급속도로 개발되면서, 기계에 대한 활용도가 증가하는 현상도 4차 산업혁명의 한 단면이다.

세계 최대의 가전 전시회 'CES 2017'에서 음성인식·인공지능 인터페이스와 가상현실 인터페이스가 주목받은 것은 4차 산업혁명에 의해 어떻게 인간들이 혜택을 볼 수 있는지를 보여주는 사례다. 이 전시회에서 한국의 현대자동차는 커넥티비티(연결성) 콘셉트를 넣은 자율주행차를 선보였고, 벤츠, 볼보, 포드 등도 자동차와 인간의 의사소통 방법과 기능에 변화를 준 제품을 내보였다. 삼성전자도 '패밀리 허브'라는 사물인터넷 플랫폼을 통해 음성인식, 가족 구성원별 개인 설정 등의 기능을 선보였다. 음식이 떨어지면 스스로 주문을 하고 요리 레시피를 내려받는 등 개인 집사 같은 기능을 냉장고가 하는 것이다. 게다가 사람들이 말을 하면 컴퓨터가 알아서 코딩과 프로그래밍까지 하는 기술도 이미 개발돼 있다. 삼성전자가 인수한 비브랩스Viv Labs는 애플의 인공지능 비서 '시리Siri'를 개발한 업체로, 음성으로 명령하면 컴퓨터가 자동적으로 코딩과 프로그래밍까지 하는 인공지능 기술을 구현한다.

그런데 이런 인공지능 인터페이스의 기술 개발 속도 또한 매우 빨라지고 있다. 한국직업능력개발원의 이용순 원장은 "인공지능 관련 기술의 발전 속도가 예측보다 빨라지고 있다. 5년 전에는 3~5년 걸렸던 기술이, 이제는 1년 만에 등장하는 경우도 있다"라고 말했다. 대표적인 인공지능 솔루션인 IBM의 왓슨 같은 경우만 봐도 그 발전의 속도가 빨라지고 있다. IBM 왓슨 프로젝트를 총괄하는 롭하이Rob High 부사장 겸 최고기술책임자CTO는 심지어 필자들과 통화하면서 "왓슨을 포함한 인공지능들은 궁극적으로 과학 논문 작성 방법과 같은 '귀추 논리 학습'을 지향점으로 하고 있다"라고 말했다. 귀추법abduction이란 명탐정 셜록 홈스가 각종 증거들을 가지고 범인을 추리하는 것처럼, 주어진 근거들을 가지고 최선의 답을 내는 논리법이다. 마치 사과가 떨어지는 것을 보고 만유인력의 존재

롭 하이
IBM 부사장 겸 CTO
(사진 제공: 매경DB)

를 증명해내는 것처럼 제한적 증거로 자연 법칙을 유추해내는 창의
적 논리 과정을 말한다.

아리스토텔레스가 말하는 인간의 3대 사고법인 귀납법·연역법·
귀추법 중 현재 기술의 인공지능은 거의 전부가 데이터에 근거한 귀
납법을 사용하고 있다. 현재 왓슨이 연역 논리를 학습하고 있지만,
하이 CTO는 이를 넘는 귀추법을 지향하고 있음을 밝힌 것이다.
하이 CTO는 그런 관점에서 "인공지능은 마치 친구, 동료들이 대
화를 통해 서로 몰랐던 부분을 공유하는 것처럼, 개개인이 미처 알
지 못하는 정보, 지식, 관점을 보완해주는 역할이다. 인공지능의 지
향점은 인간을 대체하는 것이 아니라 인간의 인지 작용을 확장하
는 것이다"라고 말했다.

그는 "인공지능이 소셜 네트워크 서비스SNS를 분석해 주식시장

의 흐름을 읽어내는 것은 기존 증권사의 애널리스트들이 던져주기 어려웠던 함의이다. 마찬가지로 의사들이 미처 생각하지 못하는 치료법이나 약품들을 왓슨이 조언해주고 있다"라고 설명했다. 하이 CTO의 말처럼 4차 산업혁명은 인간 사고의 폭을 넓혀주고, 인지 작용을 확대하고, 노동력을 대체하며, 결과적으로 인간의 행복을 더욱 확대하는 방향으로 나아가고 있다.

지난 50년간 기술 진보의 역사를 한마디로 요약해보면 '인간이 어떻게 기계와 연결될 수 있을까'라는 문제를 푸는 과정이었다. 천공카드 리더기, 키보드, 마우스, 운영체제, 웹, 터치 등으로 진화해온 인간과 기계의 의사소통 방식은 이제 자연어를 통한 소통이 가능한 단계에까지 왔다. 마치 사람에게 이야기하듯 자연스럽게 대화를 주고받음으로써 문제를 해결하고 도움을 받는 기술들은 4차 산업혁명 시대의 특징적, 대표적 기술이다.

사실 20세기 이전부터 인간은 천공카드 리더, 키보드 등을 통해 기계와 소통해 왔다. 첫 발걸음은 1930년대 버니바 부시Vannevar Bush라는 기술자가 상상해낸 '메멕스MEMEX'라는 기계였다. 그는 키보드, 스캐너, 터치스크린 등을 갖춘 탁상형 컴퓨터를 상상했고 1945년에는 이를 〈월간 애틀랜틱Atlantic Monthly〉에 기고한다. 부시의 아이디어에서 영감을 얻은 더글러스 엥겔바트Douglas Engelbart 미국 스탠퍼드대학교 교수가 1968년 최초의 마우스를 개발하면서 인류는 기계와의 대화에 큰 발걸음을 내딛는다.

그 뒤 인간과 기계의 대화 방식, 즉 인터페이스는 약 10년을 주기로 진화를 시작한다. 이후 1973년 제록스가 최초의 파일관리 시스템 '브라보Bravo'를 자사 복사기에 탑재하게 된다. 후일 마이크로소프트의 운영체제인 'DOS'로 발전하는 이 소프트웨어는 스티브 잡스와 스티브 워즈니악이라는 두 젊은 엔지니어의 영감에도 불을 지핀다. 제록스를 방문하고 돌아온 두 사람은 1979년에 그래픽 사용자인터페이스를 갖춘 '리사LISA'라는 컴퓨터를 개발하기 시작한다. 오늘날 우리가 사용하는 운영체제인 '윈도Windows'의 시초이다. 1995년에는 마이크로소프트의 운영체제 '윈도 95'와 함께 웹브라우저 '인터넷 익스플로러Internet Explorer'가 등 장한다. 웹 인터페이스의 시작이다. 이후 약 10년 뒤인 2007년, 애플은 터치 인터 페이스라는 새로운 도전을 시작했다. 그리고 2017년은 인공지능 인터페이스가 본 격화되는 원년으로 기록될 것이다.

4차 산업혁명 시대에 떠오르는 사회적 논쟁거리 중 하나는 '로봇세'이다. 2017년 초 빌 게이츠 마이크로소프트 회장은 "로봇에도 세금을 물려야 한다"라고 주장했다. 이후 북유럽 국가에서 비슷한 논의가 나왔고 한국에서도 일부 정당들을 중심으로 로봇에 대한 세금을 부과하자는 논의가 나타나고 있다. 인간이 로봇과 인공지능에 의해 직업을 잃고 소득이 떨어질 것이라는 우려가 존재하기 때문에, 해당 소득에 부과되던 세금을 로봇에 매기자는 아이디어이다. 과연 이 제도는 사회적 정당성을 얻을 수 있을까?

이런 개념은 많은 사람들이 세금을 소득이 아니라 노동에 대해 부과해야 한다는 통념을 갖고 있다는 반증이라 할 수 있다. 그런데 현대 자본주의의 과세 원칙은 노동이 아니라 소득이나 이윤에 세금을 부과하는 것이다. 가사 노동을 하는 가정주부에게는 세금을 부과하지 않고, 적자 기업에게는 세금을 면제해주는 것이 바로 그런 이유 때문이다. 따라서 로봇에 대해 과세를 하자는 통념은 뭔가를 헷갈려 하고 있는 것이다.

로봇에 대해 과세해야 한다는 주장의 논리를 적절히 해석하고 추론해본다면 '로봇'이 아니라 '로봇을 활용해 돈을 버는 기업'에 세금을 부과하는 방향이 맞을 것이다. 사람이 하던 일을 대체하면서 누군가가 돈을 더 많이 벌어간다면 그 소득과 이윤에 대해 과세를 해야 한다는 것이다. 그렇다면 이는 '로봇세'가 아니라 '법인세'의 인상이다. 또는 로봇과 인공지능을 활용해 돈을 버는 중소 영세 상인들의 소득에 대한 증세다.

그런데 법인세 인상과 소득세 인상은 언제나 국가적 논란을 일으키는 이슈다. 예를 들어 미국은 '감세냐 증세냐'를 놓고 정치적 냉온탕을 30년째 반복하고 있다. 공화당 정부는 집권할 때마다 감세를 주장하고 있고, 반대로 민주당 정부는 대놓고 증세를 주장하지는 않지만 서서히 국민들의 준조세 부담을 늘리는 방향으로 정책을 추진하고 있다. 증세는 언제나 정치적 부담을 늘리는 일이기 때문에 법인세나 소득세를 늘리자는 주장을 하기 어려우니, 로봇세라는 이름의 우회 통로가 열리는 셈이다.

따라서 로봇세라는 것이 얼마나 설득력을 얻을 수 있을지는 의문이다. 증세를 하기 어려우니 로봇세라는 새로운 상품으로 세금을 올리자는 이름 세탁인데, 얼마 지나지 않아 그 실체가 드러날 것이기 때문이다. 결국 기업들이 반발할 것이고, 그다음 중소 상인들이 반발할 것이다. 이를 어떻게 설득하느냐가 문제다.

스위스의 사례가 하나의 현실적 대안이 될 수는 있다. 스위스는 법인세를 지방자치단체들이 각자 판단하여 결정한다. 국가 단위에서 법인세의 큰 그림을 결정하지 않는다는 얘기다. 따라서 로봇세에 대한 결정도 국가적 논쟁거리로 비화시키지 않는다. 대신 스위스는 기본소득제와 같은 중요한 결정들을 국민 투표에 부친다('걸핏하면 국민 투표를 여는 나라'로 알려진 스위스는 기본소득제를 국민 투표에 부쳤다가 2017년 부결이 났다). 스위스의 강점은 바로 이런 데 있다. 불필요하게 논쟁을 확산시키지 않고 사회적 신뢰를 쌓는다는 점이다.

2부

스프링클러 이코노미로
혁신의 길을 열어라

S P R I N K L E R
E C O N O M Y

도저히
멈춰 있을 수 없는
절박함을 느껴라

필자들은 이 책의 1부에서 왜 4차 산업혁명이 시작되고 있는 것인지, 그리고 4차 산업혁명이 불러일으키고 있는 경제·사회적 변화의 작동 원리에 대해 살펴보았다. 이번 장에서는 4차 산업혁명에서 앞서나갈 수 있는 방법론을 풀어보고자 한다. 이를 위해 필자들은 4차 산업혁명의 발상지라고 할 수 있는 독일에서부터 출발해야 할 것 같다. 필자들은 그곳에 가면 뭔가 4차 산업혁명 시대를 앞서나가는 자의 여유와 교훈 같은 것을 얻을 수 있을 것이라는 기대에 부풀어 있었다.

그러나, 현장에 도착한 뒤 우리의 기대는 여지없이 무너졌다. 독일의 4차 산업혁명은 놀랍게도 '절박함'에서 시작된 것이었다. 그리고 독일 역시 무엇이 닥칠지 전혀 모르는 채, 한국에게 줄 교훈 따위는 우리도 알 수 없다는 듯 절실하게 몰두하고 있었다.

독일연방인공지능연구소DKFI가 위치한 독일 서부 공업도시 자르브뤼켄. 2017년 1월 중순 필자들은 4차 산업혁명의 발상지라고 할 수 있는 이곳을 찾았다. 한국보다 한참 앞서 4차 산업혁명을 추진했으니 그 선점 효과를 톡톡히 누리고 있지 않을까 기대했지만 앞선 자의 여유 따윈 찾아보기 어려웠다. 현지 연구원들은 오히려 막다른 길에 도달한 이들에게서나 풍기는 독기를 품고 있었다.

황종운 한국과학기술연구원KIST 유럽연구소 스마트융합그룹연구단장은 "독일의 4차 산업혁명 국가 정책인 '인더스트리 4.0'에 대한 연구는 진지하고 활발하다. 이들에게는 절박함이 있다"라고 분위기를 전했다. 독일은 2000년대 초반부터 자국에 닥쳐올 제조업의 위기를 체감하고 있었다. 중국의 저비용 노동력이 전 세계 제조업의 단가 경쟁력을 추락시키고 있었기 때문에, 독일 제조업은 말 그대로 사즉생死即生의 각오로 변해야 했다. 수익성을 따지기 이전에 생존의 문제였던 것이다. 황 단장은 "독일도 처음에는 스마트 공장을 어떻게 세울지에 대해 활발한 토론을 진행했는데, 나중에 보니 토론에 시간을 허비할 게 아니라 먼저 인더스트리 4.0에 맞는 시스템부터 갖추고 확산시켜야겠다는 생각에 이르게 됐다"라고 말했다. 비즈니스 모델에 대한 고민을 해결하고 출발한 것이 아니라, 일단 출

독일 지멘스 암베르크 공장의 모습 (사진 제공: 지멘스)

발부터 한 다음 길을 찾기로 한 것이다.

그렇게 DKFI의 주도로 2005년부터 시작된 '스마트팩토리KL' 프로젝트는 오늘날 인더스트리 4.0의 원류로 일컬어진다. 기업들이 서로 모여 기술을 교환하고 협력을 통해 IT·인공지능과 제조 공장을 결합시키는 논의를 하는 일종의 민간 협회다. 자르브뤼켄은 결국 전 세계 4차 산업혁명이 태동한 발상지인 셈이다.

그런데 12년이 지났지만 이 협회는 아직도 절박한 초심 그대로다. 2주에 한 차례 그룹별로 의견을 주고받는 전화 회의에서 이런 모습은 적나라하게 등장한다. 특정 기술을 두고 열린 토론을 할 것 같지만, 사실은 상대방이 어떤 연구를 하는지 속내를 파악하기 위해 포커게임 같은 실랑이를 벌이는 장이 되기 때문이다.

연간 1만 5,000유로(약 1,800만 원)라는 회원비가 있지만 뒤처지면 안 된다는 심정 때문에 많은 기업들이 참여하면서 서로를 정탐한다. 2005년에 7개 기업이 처음으로 시작했는데, 지금은 47개로 회원사가 늘었고 최근에는 중국 화웨이Huawei도 참여 의사를 밝혔다. 통상 다른 협회들이 기획을 담당하면서 심포지엄을 열거나 의견 교환에 역점을 두는 반면, 스마트팩토리KL은 실제 회원사들과 함께 한발 진전된 기술을 생산하는 기능을 담당한다. 김흥남 전 한국전자통신연구원ETRI 원장은 "독일의 의지와 절박함을 보여주는 장면이다"라고 평가했다.

독일 제조업 전반에 감도는 이런 절박함은 이 나라가 갖고 있는 4차 산업혁명의 선구적 이미지와는 이질적이다. 세계경제포럼 창립자인 클라우스 슈밥 회장이 창안한 것으로 알려진 4차 산업혁명은 사실 독일의 인더스트리 4.0 정책집에 처음 등장했던 용어다. 독일은 앙겔라 메르켈 총리가 당선된 이듬해인 2006년부터 범정부 차원에서 제조업 혁신을 위한 연구·개발R&D 전략을 세웠다.

▎독일의 인더스트리 4.0 전개 과정

2005년	스마트팩토리KL 출범
2006년	하이테크 전략 발표
2012년	인더스트리 4.0 공식 발표
2013년	플랫폼 인더스트리 4.0 추진

자료: LG경제연구원, '미국 · 독일 · 일본의 스마트팩토리전략 2016'

2012년에는 공식적으로 인더스트리 4.0이라는 명칭을 붙였고, 2013년 '플랫폼 인더스트리 4.0'이라고 바꾸어 이제는 단순한 제조업 자동화를 넘어 제조업 자동화의 국제 표준(플랫폼)을 만들겠다고 나서고 있다. 누구보다 제조업에서는 오래된 역사를 가진 나라가 독일이다. 중소기업들의 제조업 기술력에 있어서는 한국보다 한참 앞서 있는 나라이기도 하다.

하지만 정작 독일은 '여유 따위는 우리에게 허락되지 않는다'라는 자세로 4차 산업혁명에 임하고 있다. 그 배경에는 GDP 대비 23%를 차지하는 제조업의 높은 비중이 있다. 글로벌 컨설팅회사인 딜로이트Deloitte와 미국 경쟁력위원회가 3년마다 세계 각국의 제조업 경쟁력 지수를 발표하는데, 2013년 전 세계 2위였던 독일은 2016년에 3위로 떨어졌다. 값싼 노동력의 중국은 그렇다 치더라도, 기술 진보가 두드러지는 미국 앞에 독일의 제조업은 목까지 물이 차는 느낌을 받고 있다. 임채성 건국대학교 교수는 "GDP에서 제조업이 차지하는 비중이 35%에 육박하는 한국의 위기감이 독일만큼 충만한지 의문이다"라고 말했다.

독일이 추진해온 인더스트리 4.0에 문제점이 없었던 것은 아니다. 한국과 마찬가지로 기존 기업들은 변화의 필요성을 절감하지 못했다. 향후 경제성에 대한 불확실성과 정보 노출 위험성 때문에 기업들은 망설일 수밖에 없었다. 그러나 독일이 이 문제에 대응한 방법은 '변화하지 않으면 죽는다'라는 절박함에서 나온 협력이었다. 독일 정부와 민간단체들은 인더스트리 4.0의 문제를 해결하기 위해 2014년에 플랫폼 인더스트리 4.0을 설립하고 종업원 250명 미만의 기업 60개를 선정해 스마트 공장화를 적용시키기로 했다. 이는 선정된 대기업(종업원 1만 5,000명 이상) 숫자 64개와 맞먹는다. 황 단장은 "중소기업도 제조업의 경쟁력 향상을 위한 4차 산업혁명에 동참하지 않으면 안 된다는 정부와 산업계의 의지를 보여주는 대목이다"라고 말했다.

독일의 사례에서 우리는 어떤 형태로든 '지금 이대로는 안 된다', '우리는 절박하다'라는 사실을 깨닫는 인식의 확산이 4차 산업혁명의 선결 조건이라는 것을 확인할 수 있었다. 하지만 조선사들이 몰락하고, 세계 3대 해운회사가 파산 신청을 하며, 자동차회사가 위협받고 있는 이 현실 속에서도 한국은 절박함을 느끼지 못하는 듯하다. 아마 다음 장에서 보여주는 중국의 모습을 본다면 '절박함'보다는 '질투심'을 느낄지도 모른다.

열정적인
천재들이여, 날개를 달아라

"홍콩사이언스파크에서는 천재들이 미친 듯이 일한다. 그들을 알아주는 '혁신 수요자'들이 있고 발전시켜주는 '혁신 생태계'가 있기 때문이다."

렉스 샴Rex Sham 인사이트로보틱스Insight Robotics CEO는 이미지 분석 알고리즘 사업 계획서만 한 장 달랑 들고 사이언스파크를 찾았던 2011년을 잊지 못한다고 말했다. 이 세상 어느 누구보다 이 기술에 관한 한 자신감을 갖고 있었지만 이처럼 신속하게 테스트와 상품화가 이뤄질 줄은 몰랐기 때문이다. 사이언스파크는 인큐베이팅 시작부터 중국 지린성과 광둥성 정부를 소개시켜주면서 샴

CEO에게 기술 협력을 주선했다. 혁신을 공급하겠다는 이들에게 혁신을 받아줄 수요처를 주선해준 것이다.

놀라운 이야기는 그다음에 펼쳐진다. 지린성과 광둥성은 흔쾌히 이들이 성 내에서 화재 경보 로봇을 테스트할 수 있도록 허가했다. 이 덕분에 샴 CEO는 지린성·광둥성 내 13km 반경을 관찰하며 화재를 식별할 수 있는 CCTV 형태의 로봇을 테스트하면서 데이터를 수집할 수 있었다. 사업을 시작한 그해 광둥성 소방당국은 100여 차례 산불 실험을 할 수 있도록 허가했다. 그 결과 인사이트 로보틱스는 중국 41개 도시에서 160대의 화재 경보 로봇을 공급할 수 있었다. 법령 때문에 드론 하나 띄우기 어려운 한국 지방자치단체에서는 상상하기 힘든 행정 처리였다.

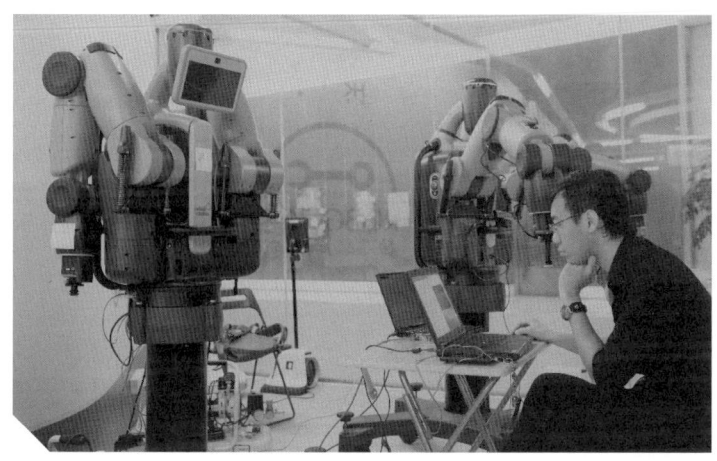

홍콩사이언스파크에 있는 로봇 스타트업 인사이트로보틱스의 한 엔지니어가 장비를 테스트하고 있다. (사진 제공: 매경DB)

홍콩에서 천재들이 미친 듯이 일할 수 있는 이유는 단지 물리적 창업 공간과 벤처캐피털의 자금 지원이 있었기 때문만이 아니다. 홍콩사이언스파크에는 한국의 창조경제혁신센터나 각종 창업캠퍼스들에는 없는 '혁신의 수요처와 혁신의 생태계'가 존재한다. 정부와 기존 기업들이 기업가들의 혁신을 규제라는 이름으로 막으려 하지 않고, 발 벗고 나서 테스트해주면서 장기적으로 키울 자세가 돼 있다. 젊은 천재들이 미친 듯이 일할 수 있는 것도 젊은 기업가들을 키우려는 기성세대 덕분이다.

혁신 생태계라는 측면에서 홍콩은 아시아에서 어떤 나라 못지않게 저돌적이다. 홍콩 사뗀 지역에 위치한 사이언스파크 조형물은 혁신을 떠받치는 그들의 철학을 상징한다. 양명장楊偉雄 홍콩사이언스파크 수석 상무총감은 통유리 연구동에 둘러싸인 황금색 조형물에 대해 "조형물보다 이를 떠받치고 있는 기둥들의 의미가 더 중요하다"라고 말했다. 그는 "달걀 모양의 조형물은 부화를 앞둔 계란이자 앞으로 크게 성장할 스타트업을 상징하지만, 조형물을 떠받치고 있는 각 기둥은 정부, 시장, 인프라, 문화, 인적자원, 투자 등 혁신을 지지하는 후원자들을 의미한다"라고 말했다.

홍콩사이언스파크는 2016년 10월에야 완전한 모습을 드러냈지만, 완성되기 전부터 이미 622개 기업이 입주해 있었던 창업 생태계다. 이 중 250여 개가 홍콩 정부, 연구기관, 대기업의 집중 지원을 받는다. 사이언스파크의 지원 방식은 상식을 뛰어넘는다.

홍콩사이언스파크 조형물. 혁신 스타트업을 상징하는 달걀 모양 구조물을 정부.
민간단체 등을 상징하는 기둥들이 떠받치며 협력의 중요성을 강조하고 있다.
(사진 제공: 홍콩사이언스파크)

고효율 태양광 패널 기술을 보유하고 있는 스타트업인 선라이트 에코테크Sunlight Eco-Tech는 2013년 홍콩사이언스파크에 입주했다. 이 회사의 기술력을 높이 평가한 사이언스파크 측은 마침 독일 대기업 스카니아Scania가 고효율 태양광 골프 카트를 원하고 있다는 사실을 파악하고 두 회사를 바로 연결해주었다. 스카니아 측에서 지불하기 부담스러워했던 연구비와 인력은 사이언스파크가 지불했다. 이 회사의 태양광 골프 카트는 2016년부터 직접 수출된다. 스카니아는 이에 그치지 않고 태양광으로 운영되는 대형 냉장 트럭 개발도 협력하자고 제안해왔다. 혁신이 혁신을 낳는 선순환이다.

자동화 센서 장비 기술을 보유한 스타트업인 에이쿠스Ackuis의 사례도 마찬가지다. 셀리나 넝Selina Ng 에이쿠스 CEO는 "초창기 우리 센서 기술은 의류 공장에서 불량 단추를 골라내는 정도였다. 하지만 사이언스파크 측에서 자동 검측 센서 기술을 개선할 수 있도록 수요처를 설득해 공장 내에 맞춤형 검측 센서를 설치했다"라고 말했다. 그 결과 에이쿠스는 설립 3년 만에 홍콩 최대 베이커리 업체인 메이신美心을 비롯해 유명 업체들에 자동화 설비·소프트웨어를 공급하는 '큰손'으로 성장했다.

얼굴 인식·딥러닝 기술을 보유하고 있는 센스타임SenseTime 역시 홍콩사이언스파크가 만든 성공작이다. 2014년 센스타임은 홍콩사이언스파크 기술 보증을 통해 중국 공안과 양해각서MOU를 체결하고, 현재 중국 공안에 기술이 정식 채택됐다. 충칭 시 공안당국은 센스타임의 이미지 인식 기술을 이용해 한 달간 범죄자 69명의 신원을 확인했으며, 이 중 14명은 실제로 검거하는 데 성공했다. 이후 중국 유수 기업들이 앞다퉈 센스타임과 계약을 맺었는데, 현재 고객만 차이나모바일, 유니온페이, 화웨이, 샤오미, 자오상은행 등 300여 개에 달한다.

"트럼프 미국 대통령 시대는 한국 소프트웨어 기업에 큰 기회입니다. 중국, 남미, 러시아 등 신흥국에서 불법복제를 못하게 압력을 넣을 것이기 때문입니다. 그러나 그 신흥국들은 미국에 대한 반감 때문에 미국산 소프트웨어는 잘 쓰려고 하지 않습니다. 이때 한국 기업들이 힘을 합쳐 소프트웨어를 고도화하고 해외로 나가야 합니다."

2016년 11월 11일. 김상철 한글과컴퓨터(이하 한컴) 회장은 4차 산업혁명 관련 기술 협약식 2건을 체결했다. 오전 10시 반 김 회장은 경기도 판교 한컴타워에서 ETRI와 인공지능, 가상현실 등 13개 프로젝트에 관한 공동 연구 협약을 맺었다. ETRI의 원천 기술을 바탕으로 한컴이 120억 원을 투자해 공동으로 기술을 고도

2016년 11월 경기도 판교 한컴타워에서 열린 한컴–ETRI 업무 협약식에 참석한 김상철 한글과컴퓨터 회장이 발언하고 있다. (사진 제공: 매경DB)

화시키고 상업화를 진행하기로 한 것이다. 11시에는 대전 카이스트에서 카이스트 모바일 헬스케어 프로젝트 '닥터M' 관련 제휴를 맺었다. 카이스트 교수 25명이 개발한 이 기술은 각종 센서를 통해 사용자의 건강 위험 신호 등을 파악해 의료기관에 전달하고 응급처치를 받을 수 있게 하는 헬스케어 서비스다. 2016년 세계경제포럼에서 소개되기도 했다.

4차 산업혁명 기술 제휴에 박차를 가하는 이유에 대해 김 회장은 "세계가 급변하고 있다. 국내에 머무르는 소프트웨어 기업들에게 이제 세계 시장으로 나가야 하는 임무가 주어졌고, 여기에 한국의 미래가 달려있다"라고 말했다. 그는 "4차 산업혁명 시대일수록 규모가 필요하다. 혼자 힘만으로는 안 되며 중견 기업을 중심으로 생태계를 조성해 해외를 뚫어야 한다"라고 주장했다. 한컴 같은 중견 기업들이 기술의 고도화·상업화를, 대학교·연구기관은 원천 기술을 담당하고, 여기에 중소 스타트업의 아이디어·인력, 정부의 해외 판로 개척으로 생태계를 만들자는 담론이다.

실제로 한컴은 60여 개의 스타트업과 테크데이Tech-day를 개최해 교육 소프트웨어 관련 아이디어를 모았고, 가평에 이들을 위한 연구소를 만들어 준공식을 가졌다. 정부 산하기관인 코트라KOTRA와의 협약을 통해 미국 소프트웨어들이 통하지 않는 지역을 중심으로 대대적인 해외 판촉을 강화하기로 했다.

김 회장은 "한컴만이 아닌 내로라하는 국내 소프트웨어 대표 기업들이 함께 나간다"라고 말하면서 "전 세계 소프트웨어 시장의 5%만 가져와도 한컴의 매출은 1조 4,000억 원에 달할 것이다. 국내 소프트웨어 기업들이 단기 실적에만 연연하지 말고 장기적으로 미국 소프트웨어 기술에 맞서 세계 시장에 도전해야 한다"라고 말했다. 그러면서 그는 "가능성이 여기저기서 보이고 있다. 한국의 소프트웨어가 세계적으로 통할 수 있는 확률이 어느 때보다 높다. 결국 시간의 싸움이고 소프트웨어 내용을 얼마나 고도화할 수 있느냐의 싸움이다. 제품은 팔기 쉽지만 소프트웨어는 생태계를 파는 것이기 때문에 집요한 집념이 없으면 어렵다"라고 말했다.

협약식에 참여한 이상훈 ETRI 원장도 "ETRI도 CDMA 성공 얘기는 그만하고 4차 산업혁명 분야에서 세계적 족적을 남겨야 한다. 한컴이 자랑스런 글로벌 소프트웨어 기업으로 성장할 수 있도록 책임을 느끼고 같이 가도록 하겠다"라고 말했다.

컨트롤타워는
군림하려 하지 마라

    중국 이야기를 더 풀어나가 보자. 황웨이Wei Hwang 피맥스 PMAX 회장이 2013년 한국의 용산전자상가 격인 중국 선전 화창베이 전자상가 골목에서 3D 프린터 사업을 시작했을 때만 해도 관련 시장이라는 것은 존재하지 않았다. 3D 프린터를 만들었지만 한 달에 10대도 팔리지 않았다. 그런데 갑자기 광둥성 정부가 나타났다. 정부 관계자는 함께 대학교부터 찾아가자고 하더니 3D 프린터를 대학교에 납품하자고 제안했다. 황 회장은 "황무지 같았던 시장이 그때부터 열렸다"라고 당시를 회상했다. 3D 프린터 교육으로 인지도가 높아지면서 순식간에 시장이 열렸다. 2016년에는 후난성 정부에서 찾아와 무려 6만 6,100㎡ 규모의 3D 프린터 공장 부지를 장기간 무상 임대해주겠다고 했다.

황 회장은 "중국 정부는 3D 프린터의 보급과 활용을 높이기 위해 중소기업을 대학교·연구소·대기업과 연결해주고 협력 플랫폼을 만들어줌으로써 3D 프린터 생태계를 만들고 있다"라고 말했다. 피맥스는 2016년까지만 해도 직원 수 100여 명의 중소기업이었지만, 지금은 직원 수 1,000여 명 규모의 중국 10대 3D 프린터 업체로 성장했다.

4차 산업혁명에 선도적이라는 평가를 받는 독일·미국·중국의 비법이 갖는 핵심은 역시 앞서 말했던 것과 같이 혁신을 격려하고 받아주는 생태계 조성에 있음이 또다시 드러난다. 중요한 것은 어떤

황웨이 피맥스 회장이 3D 프린터로 제작한 제품들과
반지를 보여주고 있다. (사진 제공: 매경DB)

정치, 관료 주도의 컨트롤타워가 개입됐기 때문에 이들이 성공한 것은 아니었다는 점이다.

독일에서는 서로 치열하게 경쟁하는 플랫폼 사업자들끼리도 더 큰 생태계를 만들기 위해 손을 잡는다. 독일 대기업인 보쉬는 GE 의 산업 인터넷 솔루션인 '프리딕스Predix'와 겹치는 산업 인터넷 플랫폼을 갖고 있지만, 최근 파트너십을 체결하고 오픈소스 소프트웨어를 기반으로 하는 핵심 사물인터넷 소프트웨어를 만들겠다고 선언했다. 서로의 단점들을 극복할 수 있는 소프트웨어를 만들자는데 의견을 같이하고 의기투합한 것이다.

독일의 이 같은 협력 문화는 정부가 시작하긴 했지만 결국 성공할 수 있었던 것은 기업과 시민 사회의 참여가 있었기 때문이었다. 2011년 시작된 독일의 인더스트리 4.0 프로젝트의 핵심이 바로 스마트 제조업의 플랫폼과 생태계 조성이다. 2012년 독일 정부는 인공지능연구소DFKI와 BMW, 보쉬 등 대기업을 손잡게 하면서 스마트 제조업 플랫폼을 공동으로 연구하게 만들었다.

이 작업이 성공을 거두자 독일 정부는 2015년 플랫폼 인더스트리 4.0이라는 업그레이드 버전을 내놓았다. 2020년까지 독일 전체 공장의 90% 이상을 스마트 공장으로 만들어서 100조 원 이상의 부가가치를 만들겠다는 이 프로젝트에는 BMW, 보쉬, 바스프 등 160개 기업이 참여하고 있다. 여기에는 독일 정부가 2014년 '학문의 해 Das Wissenschaftsjahr'를 열면서 노조, 예술가, 미디어 산업 관계자 등 사실상 모든 집단을 포함한 플랫폼을 만든 것이 한몫했다.

놀라운 사실은 독일이 이 프로젝트를 추진하면서 연평균 650억 원의 예산만을 쓰고 있다는 점이다. 한국 정부가 발표한 '제조업 혁신 3.0' 계획에 포함된 24조 원의 민관 합동 자금(2017년까지)과 비교도 안 되는 푼돈인 셈이다. 데니스 괴를리흐Dennis Görlich 독일 키엘 세계경제연구소 전무는 2016년 10월 세계경제연구원이 주최한 콘퍼런스에서 "플랫폼과 시스템만 잘 갖춰져 있어도 돈을 많이 쓰지 않고 산업 정책을 발휘할 수 있다는 것이 독일 정부의 아이디어였다"라고 말했다. 미국의 4차 산업혁명 전략의 핵심도 어떤 혁신적 아이디어가 나오면 복수의 기업, 주정부, 민간단체가 달라붙어서

▎ 미국·중국·독일의 혁신 생태계 조성 정책

국가	정책	내용	특징
미국	첨단제조파트너십 AMP	– 정부, 기업, 연구기관을 망라하는 혁신 네트워크 구축 – 14개 제조업혁신센터MII 설립	– R&D 지원으로 연구에서 상용화까지 추진
중국	인터넷플러스	– 첨단 IT와 제조업 융합으로 신성 장동력 발굴 – 산업인터넷연맹 설립해 생태계 조성 – 2017년 400억 위안 규모 벤처투 자기금 조성	– 국무원 주도 10년 장기 계획 수립 – 제조업 혁신 '중국제조 2025'와 병행 추진
독일	플랫폼 인더스트리 4.0	– 완전 자동생산체제 구축해 제조 역량 제고 – 정부, 기업, 산업협회 참여해 생 태계 구성 – 2020년 전체 공장 80% 스마트 팩토리로 전환	– 민간 학계 중심에서 정 부 참여로 업그레이드 – 중소기업, 산업협회, 노 조 추가 참여

지원해줄 수 있는 협업 플랫폼이다. '아이디어 퍼스트' 방식의 조직 체인 셈이다.

미국은 2011년부터 첨단제조파트너십AMP 프로그램을 가동하고 있는데, 그 핵심은 제조혁신네트워크NNMI라는 일종의 혁신 플랫폼이다. 이 플랫폼 안에는 연구소, 대기업, 중소기업은 물론 관련 스타트업들이 총망라되어 있을 뿐만 아니라 주정부, 비영리 단체까지 포함돼 있다. 3D 프린팅, 하이브리드 전기소자, 클린에너지, 신소재 등 분야별로 총 14개 제조업혁신센터MII 설립을 목표로 하고 있으며, 정부와 민간단체는 2016년부터 5년간 총 16억 달러(약 1조 8,000억 원)를 투자할 계획이다.

일부 기술 측면에서 4차 산업혁명 시대에 한국보다 앞서 있는 중국은 정부가 나서서 혁신 공급자와 혁신 수요자를 매칭해주는 공격적 스타일이다. 특히 '인터넷플러스'라는 중국 국무원 정책 프로그램은 제조업과 IT의 결합을 위한 혁신 플랫폼을 정부가 조성해주겠다는 것을 주요 내용으로 하고 있다. 예를 들어 인터넷 기업 바이두Baidu가 자율주행 버스를 만들어 주행 실험을 한다고 하면 국무원이 10개 지방 도시에 시범 운행을 하도록 주선해준다거나, 인공지능을 연구하는 이들이 더 많은 민간 엔지니어들과 일하게끔 하기 위해 공립 인공지능연구소에 알리바바를 붙여주는 식이다. 독일, 미국, 중국의 4차 산업혁명 관련 노력들은 이처럼 '군림'이 아니라 '협력'을 도와주는 데 집중돼 있다. 4차 산업혁명의 시대를 대비하겠다며, 컨트롤타워를 세워 민간 위에 군림하여 방안을 모색하는 국가는 찾아보기 어렵다. 한국이 그런 나라가 된다면 그건 세계 기록이 될 수도 있다.

'법·제도 유연성 62위, 노동시장 유연성 83위', 한국 4차 산업혁명 환경을 악화시키고 있는 순위들이다. 2016년 세계경제포럼에서 스위스 금융회사인 UBS가 발표한 각국 4차 산업혁명 적응력 순위에서 한국은 종합 25위를 차지했다. 세계 11위 경제 대국인 우리나라의 위상과는 맞지 않는 부끄러운 순위였다.

필자들이 UBS의 계산 방식을 분석해본 결과 그 배경에는 법·제도, 그리고 노동시장의 유연성이 낮게 평가된 원인이 있었다. UBS는 교육 시스템, 기술 수준, 사회간접자본, 노동시장 유연성, 법·제도 유연성 등 5가지 항목을 두고 각국의 순위를 매긴 다음 이 순위를 평균한 숫자로 랭킹을 매겼다. 그런데 한국의 경우 교육 시스템(19위), 사회간접자본(20위), 기술 수준(23위) 등은 양호했지만 법·제도 유연성(62위), 노동시장 유연성(83위)에서 참혹한 결과가 나왔다. 정민 현대경제연구원 연구위원은 "노동시장, 교육, 인프라, 법률 체제 등이 유연한 국가가 높은 평가를 받았다"라고 말했다.

변화의 속도와 강도가 예전과는 확연하게 달라질 4차 산업혁명 시대에 한국의 제도적·사회적 유연성에 대한 반성이 필요하다는 지적이 나온다. 이현순 두산그룹 부회장은 "독일의 인더스트리 4.0은 전 세계 최고 수준의 제조업 기반 위에 유연한 사회적 대응이 있었기에 성공했다. 하지만 한국에는 강력한 노조, 공부 안 하는 경영자, 외국 사례 베끼기에 바쁜 정책 입안자가 있다"라고 비판했다. 4차 산업혁명 시대에 제조업 경쟁력을 확보하기 위해서는 기득권에 안주하려는 자세 대신 변화를 받아들이는 유연한 자세와 근본적으로 이에 대처할 실력이 필요하다는 주장이다. 실제로 한국이 노동시장과 법·규제 유연성을 일본 수준만큼이라도 끌어올리면 4차 산업혁명 적응력 순위는 17위로 8계단 껑충 뛴다.

하지만 변화에 실력으로 대처하기보다 정치적 '밥그릇 지키기'에 의존하는 사회 집단이 아직 많은 것이 한국의 현실이다. 그 하나의 증거로 늘어나는 규제가 있다. 한국의 기업 규제는 2009년 1만 2,878건에서 2013년 1만 5,269건으로 4년 사이 2,400여 건 불어났다. 규제의 숫자를 투명하게 드러내겠다던 정부는 2014년 이후 그 숫자를 집계하고 있지 않지만, 국무조정실 관계자는 "과거 계산법대로 산정해본다면 규제는 훨씬 많아졌을 것이다"라고 말했다.

규제는 종종 특정 기득권의 이해관계를 보호하는 수단으로 활용된다. 국토지리정보원이 2016년 구글 지도의 국외 반출을 제한한 것도 네이버와 한국 지도 산업 종사자들의 기득권을 보호하기 위해 규제가 활용된 사례였다. 민원기 미래창조과학부 기획조정실장은 "4차 산업혁명 시대에는 규제가 기술 발전 속도를 따라갈 수 없다. 네거티브 규제 이상으로 규제를 풀거나 패러다임을 완전히 바꿔야 한다"라고 지적했다.

규제에 대한 패러다임을 전환한 사례로 영국의 규제 샌드박스regulatory sandbox 제도가 꼽힌다. '샌드박스'는 미국의 가정집 뒤뜰에서 어린이가 다치는 것을 방지하기 위해 만든 모래통인데, 여기서는 신제품 등을 개발했을 때 규제 없이 테스트해볼 수 있는 환경을 의미한다. 가령 A 은행과 B 은행이 각자의 고객 정보를 교환하면서 새로운 금융 서비스를 추진할 경우, 샌드박스 내에서는 개인정보보호법 등 관련법 적용을 받지 않는다.

노동 시장의 경직성도 한국 사회가 4차 산업혁명에 대비가 부족하다는 증거 중 하나로 꼽힌다. 사공일 세계경제연구원 이사장은 "4차 산업혁명 시대는 직업 전환율이 그 어느 시대보다 높게 나타날 것이다. 최근 만난 2012년 노벨 경제학상 수상자 크리스토퍼 피사리데스Christopher Pissarides 런던 정경대학교 교수는 "4차 산업혁명 시대에 정부가 노동을 보호해야지, 기득권을 가진 노동자를 보호해서는 안 된다"라고 말했다. 이원우 서울대 공익법센터 소장도 "법은 경쟁을 보호해야지, 경쟁자를 보호해서는 안 된다. 시장 경쟁 촉진과 이를 통한 소비자 효용 극대화가 정책의 중요 요소로 고려돼야 한다"라고 강조했다.

정부에겐
규제 대신 의지가 필요하다

     우리나라의 지식인들은 무슨 문제만 생기면 '컨트롤타워를 세워라'라는 주문을 버릇처럼 한다. 이는 컨트롤타워의 순기능보다 컨트롤타워를 만들면 실제로 일은 하지 않지만 지시를 할 수 있는 수많은 '자리'들이 생긴다는 현실적인 이유 때문이다.

   예를 들어 관료들을 중심으로 4차 산업혁명의 컨트롤타워가 만들어진다고 생각해 보자. 가장 중요한 컨트롤타워의 업무는 이해관계자들의 조율인데, 과연 그 조율 방식은 어떻게 이뤄질까? 이해관계가 연결돼 있는 정부 공무원들이 컨트롤타워에 들어와서 각종 조정 업무들을 진행한다. 정부에 조언을 많이 해줬던 교수들도 컨트롤타워에 일부 포함된다. 이들의 관심사는 4차 산업혁명의 성공이 아니다. 오히려 이들의 1차적 관심사는 자신들의 승진과 자리 보전이다. 이를 위해서는 정부의 수장인 대통령의 지지율에 보탬이 되는 전리품, 즉 시범적인 쇼케이스들이 필요하다. 일단 언론에 스포트라이트를 받는 모범 사례들을 하나둘 만들어놓으면 자신들의 일은 다 한 것이다. 그런 컨트롤타워가 4차 산업혁명에 과연 필요할까?

한번 돌아보자. 한국에 4차 산업혁명 역량이 없다고들 하는데 실제로는 그렇지 않다. 이들이 나아가는 데 방해가 되는 장애물만 잘 제거해주어도 쑥쑥 자랄 만한 씨앗들이 많이 뿌려져 있다. 굳이 컨트롤타워 같은 거대한 구조물을 세우지 않아도, 관료들이 이런 사소한 일들에 신경을 쓸 수 있는 시스템을 만들어주면 나머지는 민간에서 알아서 한다. 다음에 인공지능 기업들을 취재한 결과를 보면 조금 더 이해가 갈 수 있을 것 같다.

"인공지능 기술이 선진국보다 뒤처져 있다는 좌절감이 팽배합니다. 하지만 우리가 언제 그들과 같은 출발선에서 시작한 적이 있었나요?" 국내 대기업에서 인공지능 개발 실무를 담당하고 있는 임원 A씨 얘기다. 세상은 곧 구글과 아마존이 뒤바꿔놓을 것 같은데, 이제 초보 기술로 뭘 하겠느냐는 자조의 목소리도 많다. 하지만 현장의 목소리는 다르다. 국내외 인공지능 실무자들은 한국이 데이터, 인재, 금융 등 3대 걸림돌을 해결하면 이 분야에서 앞서나갈 수 있다고 입을 모은다. 강한 제조업 기반이 있고, 교육열이 충만한 데다 인공지능에 필수적인 모바일·인터넷 인프라가 있기 때문이다.

미국 실리콘밸리에서 인공지능을 활용한 맞춤형 교육업체 키드앱티브를 창업한 P. J. 건사가Gunsagar 씨는 "한국은 인공지능에 기반한 개인 학습 혁명이 이뤄질 수 있는 최전선이라고 확신한다. 인터넷 보급률, 학부모들의 교육열 등이 그 이유이다"라고 말했다. 그는 한국의 이 같은 장점을 활용하기 위해 서울에 아시아 본부까지 차렸다. IBM의 롭 하이 CTO는 "한국에는 특별한 이점이 있다. 강한 제조업 기반은 인공지능 발전에 큰 레버리지이다"라고 말했다. 인공지능을 도입해 제조업에 도입해볼 수 있는 실험장이 많다

오상균 비피유홀딩스BPU Holdings 대표(오른쪽)와 이 회사의 엔지니어가 스스로 감정을 표출하는 인공지능을 시연하고 있다. 스크린에 떠 있는 화면에 Happy(행복하다)·Sad(슬프다) 등의 감정이 표시돼 있다. (사진 제공: 매경DB)

는 것이다. 그는 또 "인터넷 환경이 좋기 때문에 클라우드 인프라가 훌륭하고, 각종 도시 문제들을 인공지능으로 해결할 수 있는 환경이 세계 어디와 비교해도 낫다"라고 말했다. 골드만삭스의 애널리스트들을 대체해가고 있는 금융 인공지능 기업 켄쇼의 최현영 대표는 "미국에서 사업할 때는 미국만의 어려움이 있다. 어디에서나 인공지능 비즈니스의 기회는 있다고 생각한다"라고 말했다.

정작 한국이 넘어야 할 산은 따로 있었다. 대부분 정부가 해결해주어야 하는 일들인데, 예를 들어 열악한 데이터 이용 환경을 개선하는 것이 시급한 과제로 거론됐다. 임원 A씨는 "인공지능을 활용하기 위한 기초적 데이터 인프라를 정부가 도와줬으면 좋겠다"라고 말했다. 현재 인공지능은 대부분 인터넷상에 올라와 있는 데이터들을 기초로 귀납적 판단을 하고 있다. 그런데 흔히 사용되는 위키피디아의 데이터 표제어 수를 기준으로 하면 영어가 530만 8,000개인데 반해 한국어는 36만 7,000개에 불과하다. 영어가 10배 이상 더 많다. 미국, 영국 등 영어권 인공지능이 강할 수밖에 없는 환경인 셈이다.

그나마 이런 데이터를 활용할 수 있는 환경도 부족하다. A씨는 "정부가 공개한 데이터들을 보면 PDF 파일 형식으로 돼 있어 인공지능이 학습하기 어렵거나 시간과 비용이 소모될 수밖에 없는 상태인 경우가 많다"라고 말했다. 정부가 데이터센터를 만들 것이 아니라 정보를 공개하는 표준을 정하고 공통된 기준만 마련해줘도 인

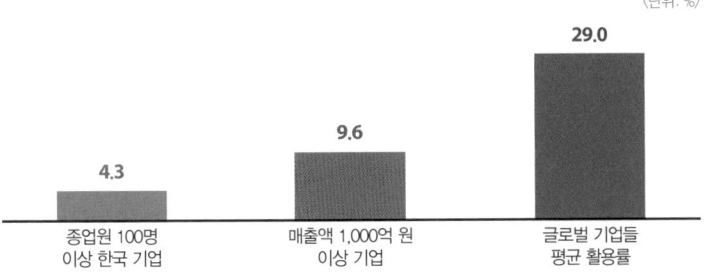

| 국내 기업 빅테이터 활용률

〈단위: %〉

29.0

9.6

4.3

종업원 100명
이상 한국 기업

매출액 1,000억 원
이상 기업

글로벌 기업들
평균 활용률

자료: 한국정보화진흥원NIA

| 인공지능 기술 특허건수

〈단위: 건〉

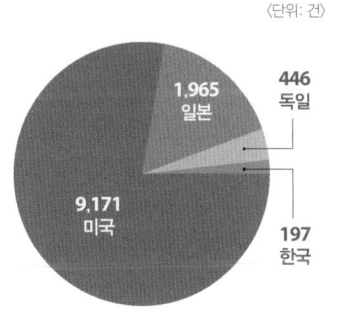

1,965
일본

446
독일

9,171
미국

197
한국

자료: 한국경제연구원(1976~2014년)

| 인공지능 응용특허 수

〈단위: 개〉

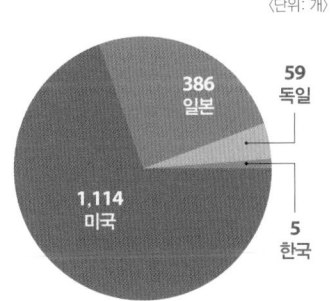

386
일본

59
독일

1,114
미국

5
한국

자료: 한국경제연구원(1976~2014년)

공지능 학습이 급속도로 올라갈 것이라는 얘기다. 한국인터넷진흥
원KISA에 따르면 100인 이상 사업장 기준 국내 빅데이터 활용 기업
비율은 4.3%에 그친다. 글로벌 평균인 29%에 비하면 한참 뒤처지
는 수준이다. 음성인식 인공지능 기업 솔트룩스Saltlux의 이경일 대표
는 "인공지능은 데이터, 자본, 시설, 인력이 대규모로 투입돼야 하
는 장치 산업이다"라고 지적했다.

하지만 정부 입장에서 이 문제는 해결이 쉽지 않을 뿐만 아니라 티가 나지 않는 사업이다. 따라서 관료들은 스스로 인센티브를 찾는다. 정부 차원의 데이터 관리 센터를 만들어서 수장을 영입하고 자리를 만드는 것이다. 여기에 들어가는 자금은 당연히 국민들의 세금이다. 이런 작업들은 정부 컨트롤타워가 신경 쓸 만한 거창한 일도 아니다. 그냥 해당 공무원들이 마인드만 잘 갖추고 성과 평가 체계만 조정해줘도 해결될 일이다. 당연히 해야 할 일인데도, 생색을 내지 못한다고 생각하는 공무원들이 문제인 것이다.

정부가 해결해줄 수 있지만, 관료는 물론 국가 지도자의 인기 차원에서는 별로 도움이 안 되는 문제가 또 하나 있다. 바로 인공지능 기업에 들어올 인력 문제다. 그러나 업계에서는 한국이 인공지능 강국이 되기 위해 반드시 해결해야 할 숙제라고 말한다. 감정 기반 인공지능 기업 비피유홀딩스의 오상균 대표는 최근 해외에서 우수한 인공지능 엔지니어를 한국에 데려오려다 황당한 일을 당했다. 한국에서 취업 비자를 받으려면 대학교 졸업장이 없을 경우 안 된다는 규정 때문이었다. 해외 엔지니어 중에는 대학교를 중퇴하거나, 심지어는 홈스쿨링 등을 통해 학습한 이들도 많다. 결국 이 기업이 해당 엔지니어를 데려오려면 해외에서 대학교를 보내 졸업시켜야 하는 형편이다.

오 대표는 "국적을 불문하고 기초적 컴퓨터 엔지니어링 실력만 갖추고 있으면 훌륭한 인공지능 엔지니어가 될 수 있다. 하지만 기술보다 열정과 가치를 가진 인재를 찾기 어렵다"라고 말했다. 한 외국계 기업 관계자는 "최근 도널드 트럼프의 이민 제한 정책의 후폭풍보다 더 심한 일이 한국에도 벌어지고 있다"라고 말했다. 이경일 대표는 "한국에도 유능한 인공지능 업체가 많다. 그러나 학계는 물론 정부, 대기업 등이 이들과 함께 협력하는 생태계가 부족하다"라고 말했다.

스타트업에 대한 벤처캐피털의 투자 환경도 걸림돌이다. 이는 비단 인공지능뿐만 아니라 모든 스타트업들이 가진 공통 문제이기도 하다. 한 중소 인공지능 업체의 대표는 "투자를 받을 때는 비즈니스 모델이 뚜렷한지 가장 먼저 물어보고, 매우 확실한 수준의 수익성을 요구한다. 하지만 그런 모델이 갖춰져 있다면 굳이 투자를 원하겠는가?"라고 반문했다. 리스크가 있는 사업이라면 그 리스크를 함께 안고 갈 수 있는 벤처 투자의 구조적 환경을 조성할 필요가 있다는 얘기다.

인공지능뿐만이 아니다. 로봇 산업 역시 관료들이 성과 위주로 포장할 생각을 하지 않고, 농사짓듯 장기적으로 키우겠다는 마음을 가지면 충분히 전 세계적으로 앞서 나갈 수 있는 한국의 강점이다.

2016년 10월 스위스에서 열린 제1회 '사이배슬론Cybathlon' 대회에서 한국은 이런 강점을 여과 없이 전 세계에 보여줬다. 이 대회는 장애인 보조 로봇 기술 등 의공학 분야에서 세계 최고 기술을 겨루는 장이다. 엑소레이스(입는 로봇)는 이 대회에서 가장 주목받는 종목

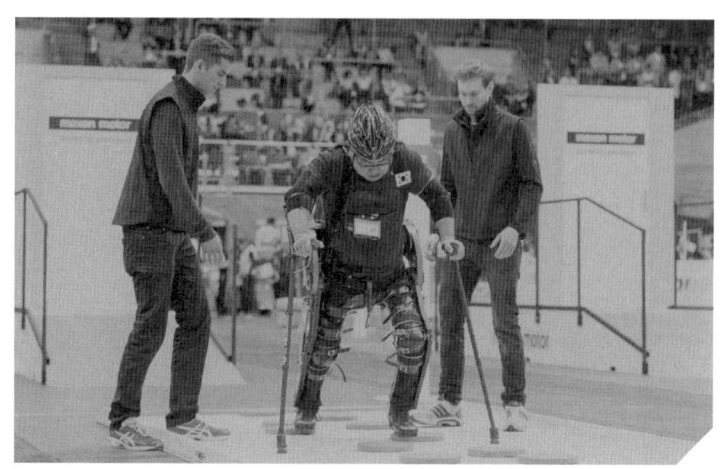

교통사고로 하반신이 마비된 김병욱 씨가 서강대학교 연구진이 개발한
장애인 보조 로봇 '워크온'을 착용한 상태로 장애물을 통과하고 있다. (사진 제공: 사이배슬론)

이었다. 척수 손상으로 신체가 마비된 장애인이 로봇을 착용해 각
종 과제에 도전한다. 이 종목에서 이변이 연출됐다. 공경철 서강대
학교 기계공학과 교수팀이 개발한 로봇 '워크온'이 교통사고로 하
반신이 마비된 김병욱 씨를 도와 계단, 경사, 징검다리 등 난코스를
기록적인 속도로 통과하며 3위를 차지했던 것이다.

웨어러블 로봇 선진국인 스위스, 미국, 이스라엘, 일본 관계자들
이 놀란 입을 다물지 못했다. 주최 측은 서둘러 한국 연구진을 위
한 미디어 부스를 설치했고 스위스, 미국 등 언론의 인터뷰 요청이
쇄도했다. 김 씨는 "참가자들이 처음에는 한국을 안중에 두지 않
았다"라고 말했다. 여러 로봇 전문 매체들은 "한국 연구진은 다른
로봇과 비교해 상당히 뛰어난 기술력을 선보였다"라고 보도했다.

| 웨어러블 로봇 시장 규모

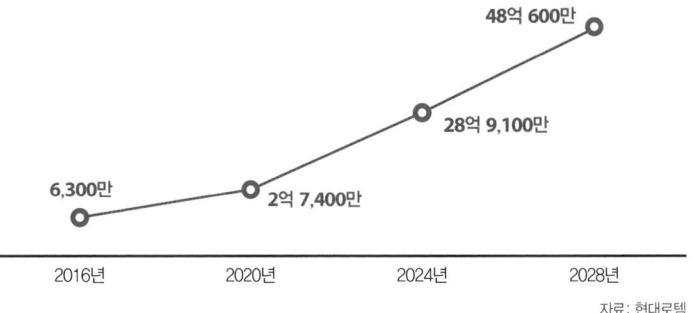

〈단위: 달러〉

48억 600만

28억 9,100만

6,300만
2억 7,400만

2016년　　　2020년　　　2024년　　　2028년

자료: 현대로템

　웨어러블 로봇 분야에서 한국의 기술력은 이미 세계적 수준에 도달해 있다. 예를 들어 이달 서강대학교 연구진이 처음 선보인 '엔젤렉스'는 근력 약화로 고통 받고 있는 환자들을 위해 개발된 로봇이다. 이 로봇은 착용자들이 로봇의 무게를 거의 느끼지 않으면서 필요할 때만 보조받는 것이 가능하다. 로봇 기술 관련 해외 언론인 〈엔지니어링닷컴ENGINEERING.com〉은 "한국의 워크온이 2016년 사이배슬론의 스타였다면, 2017년에는 엔젤렉스가 강렬한 인상을 남길 것이다"라고 평가했다.

　엔젤렉스는 세계 최대 규모의 로봇 디자인 대회 'UAE AI 앤드 로보틱스 어워드 포 굿UAE AI & Robotics Award for Good'에서 기술성과 상품성 등을 인정받아 1,000여 개 로봇 중 9개 팀만이 참가하는 결선에 오르기도 했다. 공 교수는 "국립재활원과 전남대학교병원 등 4개 재활병원에 시범적으로 보급해 본격적인 검증을 시작할 계획

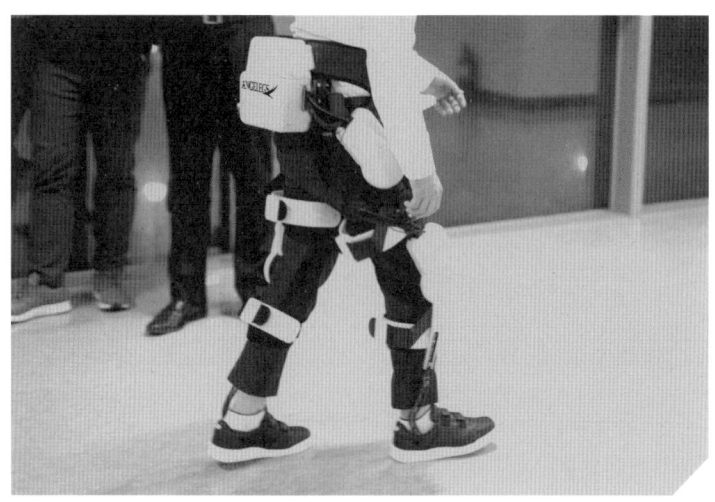

서강대학교 연구진이 개발한 웨어러블 로봇 '엔젤렉스'의 모습. 노약자나 근육이 약화돼 이동이
어려운 환자들이 손쉽게 사용할 수 있다. 2017년 3월부터 병원과 재활원 등에서 시범 운영을 시작한다.
(사진 제공: 서강대학교)

이다"라고 말했다. 이 정도 경쟁력 있는 기술이라면 현장에서 이미
상당한 성과가 나왔어야 한다. 하지만 현실은 그렇지 않다. 세계 3
위의 로봇 기술이었지만 현실적으로 장애인들의 어려움을 돕는 데
적용되지 못하고 있었다. 오히려 "로봇이 장애인을 도울 수 있는 시
기가 오기를 기대하는 것은 한국에서 꿈같은 얘기이다"라는 자조
섞인 한탄마저 나온다. 무엇 때문일까? 바로 불필요한 규제가 걸림
돌로 버티고 있어서다.

대한재활의학회는 2009년과 2014년 두 차례에 걸쳐 한국보건의
료연구원에 로봇 보조 훈련 치료를 들고 '신의료기술평가'를 받겠다
고 신청했지만 모두 기각당했다. 기존 치료와 다르지 않다는 이유

때문이었다. 그 결과 로봇을 활용한 장애인 보조 치료는 의료 기술로 인정받지 못하고 있다. 신의료기술로 인정될 경우 병원, 재활기관 등에서 보다 싼 가격으로 로봇을 구매해 활용할 수 있지만, 현재는 정부 지원금 없이 로봇을 구입해야 한다. 대당 7,000만 원이 넘는 외골격 로봇 시장이 열리지 못하는 이유다.

김 씨는 "하체 마비 환자들이 조금이라도 일어서서 걸을 수 있다면 골다공증 같은 2차 질병을 막을 수 있다"라고 말했다. 서강대학교가 개발한 워크온도 어쩔 수 없이 의료기기가 아니라 공산품 인증을 받았다. 그러나 이렇게 되면 비싼 가격 때문에 구매할 사람이 많지 않게 된다. 높은 가격 장벽으로 인해 이스라엘 웨어러블 로봇 '리워크'도 15년 동안 250대 정도만 팔렸다. 정녕 이 문제를 해결할 방법은 없는 걸까?

이에 대한 해법은 '스프링클러 이코노미'라고 필자들은 주장한다. 컨트롤타워로 지시하고 군림하면서 본인들은 정작 일을 하나도 하지 않는 조정자들이 위에 있을 필요가 없다는 것이 가장 큰 핵심이다. 대신 밑에서 올라오는 아이디어들이 실제로 꽃을 피울 수 있도록 관련 산업을 키우겠다는 적극적인 의지들이 바닥에서 위로 올라가는 구조가 필요하다. 마치 스프링클러가 꽃에 물을 주듯 산업을 파괴하는 혁신적 아이디어들이 지원을 받는 사회의 구조를 만들자는 것이다.

예를 들어 마이크로소프트의 직원은 개별적인 개발 업무와 기술력을 갖고 있는 직군Individual Contributor과 그들을 지원하는 매니저 등 크게 두 가지 직군으로 나뉜다. 통상적인 컨트롤타워 구조라면 매니저들이 기술 직군을 통제하고 인사고과를 매기며 예산을 배분해줄 것이다. 그러나 마이크로소프트 같은 스프링클러 구조의 회사에서는 두 직군이 서로 대등해진다. 기술 직군이 낸 아이디어가 중심이 되어 지원 조직들이 필요한 자원들을 배분한다. 예를 들면 이런 형식으로 한국의 민간과 정부가 역할 분담을 해야 한다.

이와 같은 스프링클러 이코노미는 한국의 문화와 정서상 익숙한 구조는 아니다. 하지만 한국의 삼성전자도 이미 조직의 구조를 이렇게 바꾸어가고 있다. 혁신적 아이디어가 중심이 되어 빠르게 이를 산업으로 연결시키고 끌어올리는 4차 산업혁명 시대에는 이런 조직으로 변화하지 않는다면 살아남기가 어렵다. 다른 나라들도 이런 변화의 움직임이 본격화되고 있다. 일본 정부는 어떻게 하는지 한번 보자.

일본은 아예 정부가 대대적인 자금을 투입해 노약자 생활 지원용 로봇 도입을 서두르고 있다. 2016년 1월 로봇 신전략을 발표한 일본은 2025년까지 노약자의 생활을 지원하기 위한 웨어러블 로봇 940만 대를 정부가 보급하겠다는 계획을 밝혔다. 이를 위해 2020년까지 정부·민간 기업이 1조 원을 로봇 개발에 투자하고 관련 시장을 2조 4,000억 원대로 끌어올린다는 계획이다. 공 교수는 "시장은 충분히 있으며 기술력도 상당한 단계에 올라갔지만, 비싼 로봇 가격이 우리나라뿐만 아니라 미국, 이스라엘 등의 공통된 문제이다. 시장을 선점할 수 있도록 정부 차원의 지원과 규제 완화가 필요하다"라고 말했다.

유전자 가위 기술의 예를 들어보자. 유전자 가위는 인간 생명의 기본이 되는 DNA를 잘라내는 기술로 생명공학계의 혁명으로 불린다. 바야흐로 인간이 각종 질병과 병충해로부터 해방될 수 있는 길을 열었기 때문이다. 2012년 '크리스퍼'라는 3세대 유전자 가위 기술이 개발되면서 DNA 교정이 용이해졌고, 활용도 또한 무궁무진해졌다. 이미 크리스퍼 기술을 이용해 병충해에 강한 상추가 개발됐으며 말라리아에 저항을 갖는 모기, 근육 성장 유전자를 제거한 미니 돼지 등이 만들어졌다.

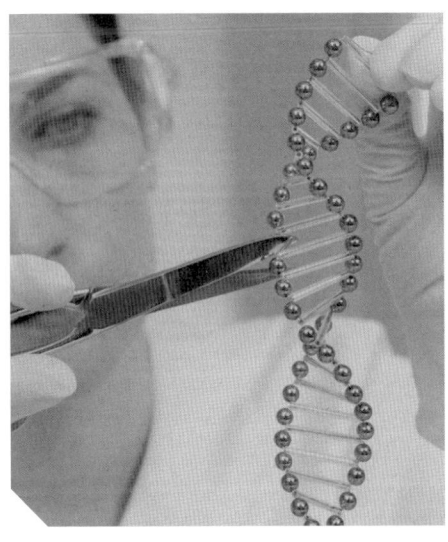

한 연구자가 유전자 가위의 모형을 들고 시연을 보이고 있다. (사진 제공: 네이처)

한국은 유전자 가위 원천 기술 4대 보유국 중 하나다. 그 정도로 뛰어난 기술력을 보유하고 있다. 그럼에도 각종 규제 때문에 연구조차 제대로 이뤄지지 않고 있으며, 규제를 해결할 수 있는 정부는 의지를 보이지 않고 있는 안타까운 현실이다. 현재 전 세계에 3세대 유전자 가위 원천 기술을 갖고 있는 기업 4곳 중 상장이 이뤄지지 않은 기업은 한국의 '툴젠'이 유일하다. 코스닥에 상장하려 했지만 특허 등록이 되지 않았다는 이유로 두 차례 고배를 마셔야 했고, 현재 특허 등록이 됐지만 여전히 상장 심사가 통과될지 불투명하다. 2016년 10월 스위스의 유전자 가위 업체인 '크리스퍼 세라퓨틱스'가 나스닥에 상장되면서 약 637억 원의 자금을 모은 것과 대조적이다.

증권시장의 규제 외에도 생명윤리법 규제가 걸림돌이다. 기초과학연구원IBS, 서울대학교 등을 비롯해 많은 연구기관에서 유전자 가위와 관련된 뛰어난 성과가 나오고 있지만 임상시험은 꿈도 못 꾸고 있다. 생명윤리법 47조는 유전자 치료 대상을 '유전질환, 암, 에이즈, 기타 생명을 위협하거나 심각한 장애를 불러일으키는 질병'으로 제한하고 있는데, 이조차 '현재 이용 가능한 치료법이 없거나 유전자 치료 효과가 다른 것과 비교해 현저히 우수할 것으로 예측돼야만 임상 연구를 허가해준다'라고 못 박고 있다. 치료 효과가 '우수할 것으로 예측'하려면 배아 관련 연구도 필요하다.

하지만 생명윤리법에서는 연구 목적으로 인간 배아를 생성하는 것은 물론 배아의 유전자 치료를 금지하고 있다. 미국, 영국, 중국 등이 앞다퉈 기초 연구를 목적으로 한 배아 연구를 허락한 것과는 대조적이다. 중국만 해도 유전자 가위 기술이 급속히 성장하고 있다. 2016년 말 루유卢铀 중국 쓰촨대학교 교수 연구진은 크리스퍼 유전자 가위를 이용한 첫 임상을 시작했다. 김진수 기초과학연구원 유전체교정연구단장은 "보관 후 폐기 예정인 잔여 배아 중 극히 일부 유전 질환에 대해서 연구 목적 사용을 허가하고 있지만, 유전자 가위 연구에는 전혀 사용할 수 없는 상태이다"라고 말했다. 결국 어떤 연구도 허용되지 않은 상태라 한국은 선진국 연구 결과를 토대로 따라가는 '패스트 팔로어'밖에 되지 못한다는 지적이다.

▎3세대 유전자 가위 시장 규모

〈단위: 억 달러〉

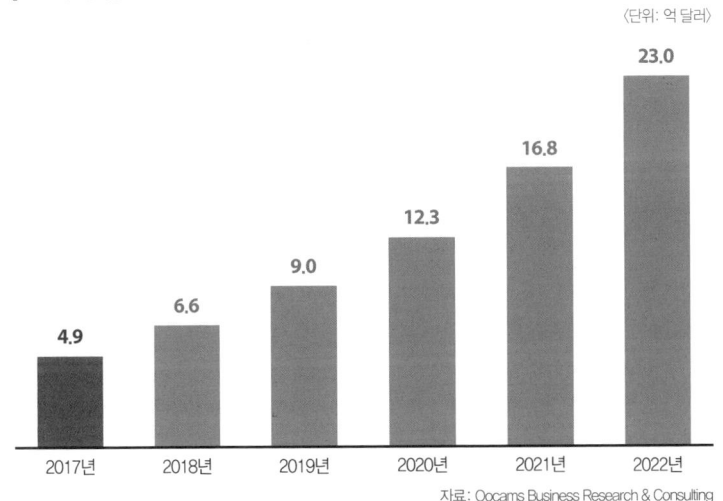

자료: Oocams Business Research & Consulting

중국, 미국, 일본, 영국 등은 유전자 가위가 갖고 올 혁명적 변화에 대응하기 위해 좀처럼 허용하지 않았던 인간 배아 연구의 문을 이미 열었다.

삼성과 애플의 특허전보다 눈길을 끌지 못했지만, 과학기술계에서 꽤나 관심을 모았던 미국 UC버클리와 MIT·하버드대학교 연구진 간의 3세대 유전자 가위를 둘러싼 특허 소송에서, 미국 특허청USPTO은 MIT·하버드대학교 연구진의 손을 들어줬다. UC버클리는 즉각 반발했다. 〈네이처Nature〉 등 과학기술 관련 외신은 이 소식을 2017년 2월 16일 새벽부터 신속히 보도했다. 이번 소송을 눈여겨봐야 할 필요가 있다. 당장 손에 잡히는 스마트폰을 두고 벌였던 삼성·애플의 특허전은 이번 소송전이 불러일으킬 파장과 비교했을 때 소소한 것일지도 모른다. 유전자 가위가 향후 농업, 의료, 바이오, 제약 등 폭넓은 분야에서 활용될 가능성이 크기 때문이다.

USPTO는 2017년 2월 16일 MIT와 하버드대학교가 함께 운영하는 '브로드연구소'가 갖고 있는 3세대 유전자 가위 기술에 대해 받은 특허는 UC버클리가 갖고 있는 특허와 비교했을 때 유효하다고 판결했다. 판결이 나자 UC버클리의 기술을 토대로 만든 회사인 인텔리아와 크리스퍼 세라퓨틱스의 주가는 폭락했다. 반대로 브로드연구소의 기술을 기반으로 한 벤처기업 에디타스의 주가는 폭등했다.

이 특허전이 눈길을 끄는 이유는 3세대 유전자 가위가 갖고 있는 '힘' 때문이다. 생명의 기본 단위인 DNA 염기서열을 자를 수 있는 유전자 가위 기술은 1980년대부터 존재했다. 하지만 그때 사용하는 유전자 가위는 소수의 전문가가 며칠 밤을 꼬박 새워야만 성공할 수 있는 수준이었다.

2012년 3세대 유전자 가위의 등장은 이를 뒤엎었다. 생명공학 지식이 있는 과학자라면 누구나 손쉽게 DNA 교정이 가능해지면서 활용도가 무궁무진해졌다. 유전자 가위는 유전자변형생물GMO과 달리 외부 유전자를 주입하지 않기 때문에, GMO 유통과 관련된 규제를 받지 않을 가능성이 높다. 또한 1만 개가 넘는 유전 질환도 유전자 교정을 통해 돌연변이 유전자를 제거해주기 때문에 근본적인 치료가 가능하다.

〈네이처〉, 〈사이언스Science〉 등 세계적 학술지들은 3세대 유전자 가위가 '혁명'을 몰고올 것으로 내다보며 경쟁이나 하듯이 '가장 기대되는 기술', '혁명적인 기술' 등의 수식어를 붙였다. 다국적 거대 제약기업인 노바티스, 아스트라제네카 등이 유전자 가위에 대해 대대적인 투자에 나섰다. 너무 많은 연구가 쏟아지면서 2016년 말 미국 국립과학공학의학아카데미가 나서 "생태계에 미칠 영향을 분석하기 위해 유전자 가위 연구에 대한 정보를 연구자끼리 공유하자"라고 제안했을 정도다.

김석중 툴젠 연구소장은 "농업·제약·의약 분야에서 이를 활용하려는 시도가 폭발적으로 늘어나고 있다. 기술이 상용화되기 이전부터 여러 기업이 가능성을 보고 뛰어드는 것은 이례적인 일이다"라고 말했다.

이렇게 유전자 가위에 대한 기대감이 커진 상황에서 미국에서 특허전이 시작됐다. 2013년 3월 제니퍼 다우드나Jennifer Doudna UC버클리 교수는 USPTO에 자신들이 개발한 3세대 유전자 가위 기술에 대한 특허를 출원했다. 다우드나 교수는 원핵세포, 즉 생물에 3세대 유전자 가위를 적용할 수 있음을 처음으로 증명한 과학자였다(이후 다우드나 교수는 매년 노벨 화학상 수상자 유력 후보로 거론된다). 하지만 MIT·

제니퍼 다우드나
UC버클리 교수
(사진 제공: 매경DB)

하버드대학교가 함께 운영하는 브로드연구소의 1982년생에 불과한 장펑張鋒 교수
는 2013년 10월 원핵세포보다 한 단계 나아간 '진핵세포'에 3세대 유전자 가위
기술 적용이 가능함을 보인 기술로 특허를 출원한다. 문제는 특허 출원이 늦은 브
로드연구소가 특허청의 '특별 리뷰 프로그램'을 통해 2014년 4월 유전자 가위와
관련된 특허를 USPTO에 먼저 등록하면서 발생했다. 특별 리뷰 프로그램은 과학
적 연구 관련 특허를 빠르게 승인해주는 제도다.

　UC버클리 입장에서는 화날 만했다. 특허권을 먼저 신청했지만 특허 관련법에
대한 이해도가 더 높다고 여겨지는 브로드연구소의 특허가 먼저 등록된 만큼 가
만히 있을 수 없었을 터였다. 2015년 4월 UC버클리는 브로드연구소가 등록한 특
허에 대해 특허 소송을 제기했다. 이후 USPTO는 UC버클리의 소송을 받아들이
고 특허 권리 재검토에 들어갔다. 당시 제이컵 셔코우Jacob S. Sherkow 뉴욕대학
교 법대 교수는 이 소송전을 두고 "크리스퍼 유전자 가위 기술의 활용 분야가 워

낙 광범위하기 때문에, 이번 소송은 사상 최대 규모의 특허 분쟁이 될 수 있다"라고 말했다. 앞서 이야기했듯이 이 상황을 애플·삼성의 특허전보다 더 관심 있게 바라봐야 하는 이유다.

특허 소송 과정은 치열했다. 서로를 비방하고 두 연구소에서 모두 근무했던 사람의 이메일을 들춰보는 등 어찌 보면 치열하게, 다르게 보면 '이전투구' 형식으로 진행됐다. 그 결론이 이날 발표됐다.

USPTO는 "브로드연구소가 갖고 있는 특허는 UC버클리와 달리 그 유효성이 인정된다"라고 봤다. UC버클리가 갖고 있는 특허와 브로드연구소가 갖고 있는 특허가 중복되지 않는다고 판결한 만큼, 브로드연구소의 기술이 갖고 있는 권리가 인정된 셈이다. 브로드연구소는 "UC버클리의 특허는 유전자 가위가 '진핵세포'에서 사용될 수 있음을 명시하지 않았다"라고 주장해왔다.

UC버클리가 또 가만히 있을 리 없다. 〈네이처〉에 따르면 UC버클리는 판결 직후 성명서를 통해 "우리의 특허권은 3세대 유전자 가위가 세포의 종류에 상관없이 하나의 세포에서 사용되는 과정을 담고 있다"라고 주장했다. UC버클리의 항소 여부는 결정되지 않았지만 〈네이처〉는 "법적 다툼이 계속해서 이어질 수 있다"라고 전망했다.

판결은 났지만 여전히 바이오업계는 후속 움직임을 주시한다. 〈네이처〉는 "유전자 가위 기술의 활용을 위한 라이선스를 받는 업체들 입장에서 이번 판결은 불확실성을 초래할 수 있다"라고 분석했다. 양쪽 모두가 자신의 특허권을 갖고 있으면 두 연구소가 갖고 있는 특허 모두 라이선스를 받아야 할 수 있기 때문이다. 다우드나 교수는 "브로드연구소는 녹색 테니스공에 대한 특허권을 보유했지만, 우리 대학교는 모든 색의 테니스 공에 대한 특허권을 보유하게 될 것이다"라고 말했다. 이런 상황이 지속되면 유전자 교정을 상용화하는 데 드는 비용이 크게 증가할 수 있다.

이날 USPTO의 판결에 한국의 유전자 가위 교정 업체인 툴젠도 크게 관심을 두고 있다. 브로드연구소와 툴젠 모두 3세대 유전자 가위를 인간의 진핵세포에 적용한 기술을 보유하고 있지만 미국에서는 브로드연구소가 먼저 특허 등록이 되었고, 한국과 호주에서는 툴젠의 특허가 먼저 등록됐기 때문이다. 또한 툴젠의 특허는 미국 브로드연구소보다 먼저 출원됐다. 미국을 제외한 대부분의 나라는 특허 선출원주의를 택하고 있어, 툴젠은 브로드연구소와의 특허 분쟁 시 유리한 위치에 오를 수 있다.

이번 특허전에서 UC버클리가 이기는 것보다 브로드연구소가 승리하는 것이 한국 툴젠에 유리하게 작용할 수 있을 것이라는 전망이 존재했다. 김석중 소장은 "3세대 유전자 가위가 진핵세포에서 작용함을 보인 특허의 유효성이 인정된 만큼, 인간 세포에 처음으로 적용한 우리의 특허가 브로드연구소 특허와 별개로 인정받을 수 있다"라고 말했다. 하지만 그는 "아직 특허 소송이 어떤 영향을 미칠지, UC 버클리의 향후 대응은 어떻게 될지에 대해서 면밀히 살펴보고 있다. 조심스럽게 이번 결과가 미칠 파장과 우리의 대응 방안에 대해서 논의해 나가겠다"라고 말했다.

"정부가 아무 것도 하지 않는 게 나았다" – 중국의 드론 규제가 주는 시사점

세계 상업용 드론 시장의 70%를 자랑하는 중국 업체 DJI의 성공은 정부가 규제를 하지 않았기 때문에 가능했다고 봐도 지나친 말이 아니다. 중국의 현재 드론 규제는 한국과 유사한 수준이다. 그러나 DJI가 탄생할 때만 해도 정부의 규제가 거의 없었다. 그 틈을 타서 DJI는 재빠르게 성장을 감행할 수 있었다. 정부가 아무 것도 하지 않는 것이 4차 산업혁명에 직접적 도움이 됐다는 사례다.

필자들이 DJI 본사에서 만난 크리스티나 장Christina Zhang 사업부문 담당 이사는 "후발 주자였던 DJI가 불과 10년 만에 '퍼스트 무버'가 될 수 있었던 비결은 인프라 지원을 아끼지 않았던 중국 당국의 배려 덕분이다"라고 말했다. 또 장 이사는 "DJI의 산업용 드론을 제작할 당시 중국 공군, 농림부, 소방당국 등과 손잡고 드론 기술을 테스트한 바 있다"라고 덧붙였다. 예를 들어 2009년 중국 국무원이 내놓은 '민용 무인기(드론) 관리 문제에 관한 지도 의견' 등에 따르면 드론 업체들은 기술 개발에서 원칙적으로 규제가 없고, 사후에 필요한 대책이 민관 합동으로 보완되는 방식이다.

오철 상명대학교 경영학과 교수는 "이때는 드론과 관련해 명확한 법률 규정이 나타나기 이전 시점이다. 이미 그때부터 중국은 기술 수용적 자세를 취하고 있었다는 얘기이다"라고 설명했다. 7kg 이하의 드론은 조종사 라이선스 없이 운항이 가능하도록 했고, 항공기와 겹치는 영역에서 운항하는 경우 항공관제소에 정보를 제출했다면 사전 승인 없이 비행할 수 있도록 했다.

반면 한국은 2016년 7월, 12월 등 여러 차례 드론 산업 규제를 일부 완화했지만 여전히 핵심적 독소 조항이 있다. 예를 들어 무게가 13kg 이상인 드론은 해당 지방항공청에 '장치 신고'를 의무적으로 해야 하고, 무게가 25kg이 넘으면 교통안전공단으로부터 '안전성 인증'도 받아야 한다. 우리 정부도 드론 규제의 문제점을 인식하고, 드론 기술 개발에 속도를 내기 위해 '규제 프리존 특별법'을 추진해 왔다. 이 법의 취지는 상업용 드론의 비행 공간을 자유롭게 확보할 수 있도록 하는 것이다. 하지만 19대 국회에서 통과가 무산됐고 20대 국회의 문턱도 넘지 못하고 있다.

회계 감사 기업인 프라이스워터하우스쿠퍼스PwC가 추산한 2016년 상업용 드론 활용 서비스 시장 규모는 1,273억 달러(약 147조 원)에 이른다. 세계 드론 시장에서 뒤처지지 않기 위해서라도 중국과 같이 과감한 규제 완화가 시급하다는 목소리가 커지고 있다. 윤자영 산업연구원 연구원은 "2016년 우리나라에서 드론 사용 사업 범위를 넓혔지만, 드론 기술 업체를 육성하기 위해서는 규제 프리존 특별법을 하루빨리 법제화해야 한다"라고 지적했다.

❙ 국내 드론 산업 규제 현황

- 국방부 · 지방항공청 '비행 승인' 의무화
- 무게 13kg 이상 지방항공청 '장치 신고'
- 무게 25kg 이상 교통안전공단 '안전성 인증'
- 비행 공간 확보 위한 '규제 프리존 특별법' 국회 계류 중
- 유관 부처 간 칸막이 규제 · 정책 컨트롤타워 부재

3부

혁명의 게임에서
승리하기 위한 4가지 열쇠

S P R I N K L E R
E C O N O M Y

개인,
문제 해결 능력을 위해
진화하라

　　스프링클러 이코노미를 만들기 위해서는 개개인이 혁신적인 아이디어를 더 많이 내줘야 한다. 그러기 위해서는 교과서를 잘 외우는 것보다 어떻게 문제를 해결할 수 있을지 알아내는 능력이 더 많이 요구된다. 4차 산업혁명 시대에는 인간의 인지와 기억력, 사고력, 언어 능력을 기계가 보충해줄 수 있는 때가 되었기 때문에, 더더욱 인간으로서의 개인 역량이란 과거와 다른 방식으로 평가될 수밖에 없게 되었다.

　　인간의 인지가 기계로 인해 확대되는 현상은 1980년대 SF 영화에서 시작된 인류의 꿈이기도 했다. 여성학자인 도나 해러웨이Donna

Haraway가 1985년에 쓴 에세이 《사이보그 선언문A Cyborg Manifesto》은 기계의 도움으로 양성평등이 실현되는 미래를 놀라운 예측력과 함께 선언하고 있다. "나는 여신이 되기보다는 사이보그가 되고 싶다"라는 말로 끝맺는 이 에세이는 남성과 여성의 근본적 차이는 인정하되, 그 차이가 차별로 이어질 수 없도록 막는 기계의 긍정적 기능을 드러내고 있다.

해러웨이가 보여준 것처럼 기계는 이제까지 당연시되고 있던 인간의 능력 차이를 파괴하고 있다. 남성과 여성이 갖는 능력의 차이가 기계로 인해 무의미해지듯이, 돈을 많이 버는 변호사와 최저 시급을 받는 아르바이트 종사자 간의 직업적 차이 역시 기계로 인해 무의미해질 수 있다. 변호사가 받는 급여가 최저 시급 수준으로 떨어지는 것도 무리가 아닐 수 있다는 얘기다. 실제로 미국의 금융 인공지능 기업 켄쇼Kensho는 이전까지 고액 연봉의 대명사였던 골드만삭스의 애널리스트들을 시장 바닥 아르바이트 시장으로 내몰고 있다. 산업연구원의 장윤종 박사는 "구글 딥마인드에서 개발한 알파고가 우리에게 충격을 안겨줬고, IBM의 왓슨이 여러 분야에 활용되기 시작했지만 실제로 가장 빠르게 관련 산업(금융)을 재편하고 있는 인공지능 기업은 켄쇼이다"라고 말했다.

켄쇼의 인공지능은 2013년 모건스탠리의 애널리스트 15명이 4주 동안 할 일을 단 5분만에 마쳐 전 세계를 충격에 몰아넣었기도 했었고, 지금은 6,500만 개에 달하는 금융 이벤트 관련 질문에 답할 수 있는 능력을 갖추고 있다. 이러한 켄쇼의 인공지능 솔루션은 아직 노동시장에 뛰어들지 않은 중·고등학생들이 향후 금융회사에 들어가기 위해 MBA에서 학업을 배울 필요가 있는지에 대해 심각한 질문을 던진다. 켄쇼의 도움을 받는다면 MBA 졸업자와 아닌 사람의 지식적인 차이는 없어지기 때문이다.

켄쇼는 인간의 인지 확장을 넘어 인간의 지식적 차이를 없애는 작업을 하고 있다. 이 회사의 트렌드 분석 대표인 최현영 씨를 국내 언론 중 취재진이 최초로 인터뷰했는데, 그는 "인공지능은 지금 사람들이 생각하는 분야보다 훨씬 광범위한 곳에 활용될 것이다"라고 말했다. 예를 들어 "켄쇼의 사업 중에는 '이벤트 분석'이 있는데 굉장히 광범위한 이벤트 데이터를 확보하고 있다. 북한이 한국을 미사일로 위협할 때 정부는 북한이 앞으로 얼마나 더 많은 미사일을 쏠지, 만약 미사일을 쐈을 때 정치·경제적으로 어떤 일이 벌어질지 과거 데이터에 근거해 유추할 수 있다"라는 것이다. 최 대표는 "이벤트 데이터와 과거 데이터를 연결해 앞으로

켄쇼의 최현영 트렌드 분석 대표가 매사추세츠 케임브리지에 위치한 집무실에서 작업을 하고 있다.
(사진 제공: 켄쇼)

어떤 일이 벌어질지 '근거 있는 추론educated guess'도 할 수 있다"라고 설명했다.

예를 들어 북한이 미사일로 도발했을 때 보통 정부 부처 내에서 5급 이하 공무원들이 데이터를 조사해서 수작업으로 대응 방안을 발표하는데, 이미 켄쇼가 개발한 솔루션으로 이런 작업을 수월하게 할 수 있다는 얘기다.

최 대표는 "켄쇼가 주목받는 이유는 모든 정보 및 시스템이 클라우드에 있어서 몇 분 안에 결과를 받아볼 수 있기 때문이다. 켄쇼가 애널리스트보다 더 많이 알고 더 발전된 방법을 구사하는 것은 아니다"라고 말했다. 그는 반면 "이벤트가 중심이 되는 경우에는 켄쇼가 도움을 줄 수 있기 때문에 사업 확장 가능성도 높다. 켄쇼는 재난 예측에도 관심이 많은데, 재난은 금융권에도 큰 영향을 주기 때문이다"라고 말했다. 예를 들면 진도 5의 지진이 발생할 확률과 발생했을 경우 나타날 수 있는 금융시장의 여파도 켄쇼의 솔루션이 예측을 할 수 있다는 것이다.

▌인공지능 기업 켄쇼

CEO	하버드대학교 경제학 박사 출신 대니얼 내들러Daniel Nadler
창업 시기	2013년
총 투자 유치	5,800만 달러(약 670억 원)
투자자	골드만삭스, 미국 중앙정보국CIA 벤처캐피털, 구글벤처스, CNBC, 피델리티 등
기업 가치	6억 5,000만 달러(약 7,480억 원)
특이사항	CIA와 골드만삭스도 켄쇼의 소프트웨어 활용

그렇다면 결국 사람이 할 수 있는 일은 기계가 이미 알고 있는 영역에 뛰어들어 기계와 경쟁할 것이 아니라, 기계가 모르고 있는 창조의 영역으로 뛰어들어 스스로의 존재 이유를 찾는 것이다. 기존의 지식으로 무장한 금융회사의 애널리스트가 아니라, 새로운 지식을 창조하는 금융회사의 애널리스트가 되어야 한다는 것과 같다. 결국, 기계의 도움을 받아 능력이 무한대로 확대되는 개인에게 이제 사회가 기대하는 것은 과거와 같은 종류의 노동이 아니다. 이는 과거처럼 자녀를 명문 대학교에 보냄으로써 그들의 총명함을 증명하고자 하는 부모의 전략은 더 이상 통하지 않을 것이라는 의미도 포함한다.

필자들은 4차 산업혁명을 이끌고 있는 성공한 기업가들의 학력을 분석해보았다. 예상대로 이들 중 상당수가 '명문대 지향형'이라기보다는 '문제 해결 지향형' 인재라는 사실을 파악할 수 있었다. 기업 가치 1조 원 이상으로 평가받은 비상장 스타트업인 유니콘 기업 창업자와 CEO 140명을 분석해본 결과 전체의 30%가 공학과 인문·사회과학을 병행해서 학습한 융합형 인재였던 것이다. 분석을 위해 취재진은 〈포천 *Fortune*〉 선정 2016년 유니콘 기업 CEO 172명의 링크드인과 페이스북 등 SNS에 접속해 본인들이 올린 학력 등을 조사했다. 중국 등 본인의 신상정보 공개가 다 이뤄지지 않은 국가 출신 인사들 32명을 제외하고 140명이 분석 대상이었다. 이들 중 43명(30.2%)이 한국식 교육 분류상 문·이과를 병행 학습했었다.

과학기술연합대학원대학교UST의 문길주 총장은 "상당히 의미 있는 결과이다"라고 말했다. 한국에서 자식들을 공부시키는 이유는 명문대에 입학시켜서 판검사 또는 의사로 만들어 기득권층에 진입시킨 뒤 잘 먹고 잘살게끔 하려는 것이 대부분이었다. 그런데 자수성가한 4차 산업혁명 시대의 성공은 기득권 계층이 아니라 새로운 창조를 위해 지식을 융합하는 사람들이 이뤄냈음을 보여주는 조사 결과였기 때문이다.

분석 결과 이들 140명이 대학교를 졸업하고 유니콘 기업을 창업하는 데까지 걸린 시간은 10년이었다. 이들은 이 기간 동안 대학교·대학원 교육을 받거나 개별 직장에서 직무 교육을 받으며 혁신을 키웠다. 이들 하나하나의 사례를 보는 것도 4차 산업혁명 시대에 개인들이 어떤 전략을 짜야 하는지에 대한 시사점이 있을 것 같아 일부를 소개한다.

❘ 140인 유니콘 기업 CEO 교육, 커리어 분석 결과

〈단위: 명〉

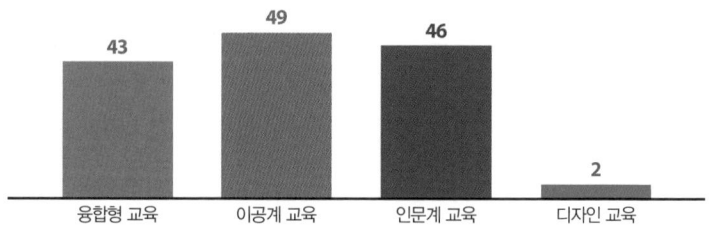

융합형 교육	이공계 교육	인문계 교육	디자인 교육
43	49	46	2

가령 클라우드 플랫폼 업체 '옥타Okta'의 창업자인 토드 매키넌 Todd McKinnon은 브리검영대학교에서 경영학을 전공했다가 캘리포니아 폴리테크 주립대학교에서 컴퓨터공학 석사를 받은 융합 경력 소유자다. 1995년 졸업 후 피플소프트, 세일스포스닷컴, 페이스북 등 다양한 IT 회사에서 경영과 컴퓨터공학을 접목하는 작업으로 커리어를 쌓았다. 그의 관심은 어떻게 하면 기업의 경영을 IT로 효율화시킬 수 있을지에 맞춰져 있었다. 그래서 IT 석사 전공을 택했고, 최고의 IT 기업들에서 일하며 관련 시장이 열리기를 노렸다.

사진 공유 전문 SNS인 핀터레스트Pinterest의 창업자 벤 실버먼Ben Silverman은 취미에 자신이 갖고 있는 지식 재산을 덧붙여나간 케이스다. 예일대학교에서 정치학을 전공한 실버먼은 취미가 곤충 수집이었는데, 졸업 후 컨설팅회사와 구글에서 광고 관련 디자인 매니저로 일하면서 사진에 대한 전문성을 쌓았다. 그는 그 과정에서 이미지가 갖고 있는 사회적 중요성과 파급력을 깨닫게 되면서부터 핀터레스트를 창업해야겠다는 생각을 다졌다. 대학교에서 기술 관련 교육을 받지 않았지만, 그는 고교 때 전미 50여 명만을 선발해 MIT 교수들과 함께 연구하는 리서치사이언스 프로그램을 이수한 경력을 바탕으로 미래에 이런 방식들을 창조해나가겠다는 청사진을 머릿속에 그려나갔다.

이런 사례를 보면, 한 가지 한국적 상황과 대비되는 사실이 있다. 유니콘 창업자들이 어린 시절부터 코딩 교육을 받아 4차 산업혁명 시대에 주목받는 기업가가 된 게 아니라는 점이다. 한국이 갑자기 초등학교 코딩 교육 의무화 방안을 내놓는 것과는 방향이 반대다. 유니콘 기업가들을 성장시킨 것은 교육을 목적이 아니라 수단으로 보고 융합을 시켜나간 노력들이었다. 그런데 지금 한국은 코딩 교육이 목적으로 변화하고 있다. 이러다간 코딩 과외까지 생길지도 모른다.

자유한국당의 송희경 의원은 "정부가 소프트웨어학과를 확충하거나 교육 시간을 늘리는 단편적 대책만 세우고 있다. 생각의 힘을 바탕으로 융합과 응용 교육을 덧붙여나가는 교육 혁명이 필요하다"라고 강조했다. 신용현 국민의당 의원은 "가르치는 방식이 바뀌어야 한다. 지식을 전달하는 것이 아니라 생각하는 방법과 협력하는 방법을 가르쳐야 한다"라고 말했다.

교육과학기술부 장관을 지낸 포스텍의 김도연 총장은 "문·이과는 기성세대의 편의성 때문에 이뤄지는 구분일 뿐이다. 한 사람의 적성과 가능성을 어떻게 이과·문과라는 틀로 나눌 수 있는가?"라고 반문했다. 그는 "4차 산업혁명 시대는 기술만 잘 안다고, 경영만 잘 안다고 살아남을 수 있는 시대가 아니다"라고 했다. 융합형 과학모델 교과서 개발사업단장을 역임한 이덕환 서강대학교 화학과 교수는 "세상은 문과형·이과형 인재를 원하지 않는데 한국만 점점 그런 칸막이가 심해진다. 요즘은 자립형 사립고 설명회에서 담당 교사가 '1학년 때부터 문과·이과를 나눠서 가르치라'라고 주문한

다더라"라며 비판했다.

유명한 미래학자인 존 나이스비트John Naisbitt는 필자들과 만나 "4차 산업혁명 시대를 살아가는 인재들에게 중요한 것은 '배우는 방법을 배우는 것Learn how to learn'이다. 독서를 하고 언어를 공부하는 것으로는 4차 산업혁명의 파괴적인 성격을 따라갈 수 없다"라고 말했다. 그런데 지금 중국을 비롯한 동아시아의 교육은 책을 읽고 과거 지식을 습득한 다음 정답을 제시하는 데 초점이 맞춰져 있다고 지적했다. 그는 "이런 교육 방식은 장기적으로 큰 마이너스이다. 한국을 비롯한 동아시아 국가들은 상향식 아이디어를 중심으로 한 교육 혁명이 필요하다"라고 강조했다.

토머스 데이븐포트
뱁슨칼리지 교수 (사진 제공:
노스캐롤라이나대학교)

4차 산업혁명 시대에 인간들은 어떤 교육을 받아야 할까? 2015년 〈하버드 비즈니스 리뷰*Harvard Business Review*〉에는 이와 관련된 흥미로운 글이 하나 실렸다. 토머스 데이븐포트Thomas H. Davenport 교수가 기고한 '자동화를 넘어서Beyond Automation'라는 글이었는데, 여기서는 4차 산업혁명 시대에 인간이 기회로 삼을 수 있는 방법들이 제시됐다. 데이븐포트 교수는 해당 글에서 "단순 작업은 기계가 하도록 내버려두고, 사람은 추상적 다중 지성을 활용할 수 있어야 한다. 이를 통해 기계를 동반자로 삼을 수 있을 것이다"라고 주장했다.

그가 말하는 전략은 크게 다섯 가지다. 첫째, '새로운 방식을 찾아보기'이다. 인공지능을 활용해 남들보다 앞서나가는 생각을 할 수 있도록 훈련하라는 것이다. 이를 위해 데이븐포트 교수는 깊지만 넓게 생각하라고 주문한다.

둘째는 '다중지능multiple intelligence 활용하기'이다. 사람과 사람의 관계에서, 팀과 팀 간 관계에서 어떻게 협력할지 생각하고 생산성을 높이는 데 시간을 사용하라는 것이다.

셋째는 들여다보기다. 컴퓨터에게 일을 넘기기는 하되 처리 과정을 더 꼼꼼하게 들여다보는 것이다. 그는 여기서 2014년 〈뉴욕타임스〉에 실린 에피소드를 한 가지 든다.

어떤 사람이 은행에 차환을 신청했다가 거절당한다. 이유는 최근 바뀐 새 직업이 예전에 비해 수입이 불규칙하고 불안정하다는 것이었다. 그 사람은 바로 미국 연방준비제도이사회 의장이었던 벤 버냉키Ben Bernanke였다. 대출 심사 프로그램은 버냉키가 누구인지 알 리 없었다. 그는 막 의장직을 사퇴했지만, 대신 그에겐 고액의 저서 계약과 특강 스케줄이 기다리고 있었다.

넷째는 '암묵적 지식을 활용하라'이다. 모든 지식이 기록될 수 있는 것은 아니다. 숫자나 문서로 만들기 어려운 지식과 경험 중에 가치 있는 것이 있다. 인공지능은 당신의 암묵적 지식을 증강augment시키기는 쉽지만 대체하기는 힘들다.

다섯째는 '이해하기'이다. 기계의 본질을 이해하면 거꾸로 인간의 능력을 증강시킬 수 있다. 인간 대 기계가 아니라 인간과 기계의 관계가 형성되면 결국 도움을 받는 것은 인간이다.

필자들은 데이븐포트 교수에게 조금 더 이야기를 듣고 싶다는 마음이 들었다. 예를 들면 연령대별로 각기 어떤 전략을 통해 4차 산업혁명이 이끄는 사회적 변화에 대응해야 할지를 물어보고 싶었다. 데이븐포트 교수는 인터뷰를 통해 "40대 미만 근로자라면 자신의 직업과 관련된 기술을 배우고, 그 기술을 활용해 스스로의 능력을 생산적이고 효과적으로 발전시켜야 한다"라며 당장 4차 산업혁명에 대응할 수 있는 전략을 짜야 한다고 지적했다. 아직 학생이라면 "지능형 기계를 가까이 하고 싶은지 아닌지를 빨리 결정해 향후 교육 계획을 세워야 한다"라고 말했다.

그는 "예를 들어 패션 브랜드 매니저는 브랜드를 성공시키기 위해 더 멀리 보고 큰 그림을 그리면서 사업 계획을 세우는데, 이는 컴퓨터가 대체할 수 없는 부분이다. 기계가 따라갈 수 없는 인간적 능력을 극대화하기 위해 MBA, 박사학위 취득처럼 스스로를 발전시키는 방법을 찾아야 한다"라고 조언했다.

데이븐포트 교수는 4차 산업혁명에 대한 대비를 할 수 있는 자원이 풍부한 대기업이라면 모르겠지만, 중소기업에 근무하는 근로자라면 변화에 취약할 수밖에 없으니 경계해야 한다고 지적했다. 그는 "규모가 작은 기업은 제품 생산에 급급해 새로운 기술 개발에 시간을 투자하지 않는다. 중소기업 리더들의 상상력이 부족한 결과 기술 진보 혜택을 받는 곳은 대기업일 수밖에 없다"라고 했다. 투자 여력이 작은 중소기업들일수록 직장 내 리더들이 적극적으로 젊은 직원들의 혁신을 끌어올리지 않으면 발전이 어렵다는 얘기다. 특히 4차 산업혁명처럼 혁신 속도가 빠르고 기존 산업이 IT와 데이터에 기반한 인공지능 기술로 파괴되는 시대에는 리더들이 혁신을 고취시키기 위해 적극적으로 개입할 필요가 있다고 그는 강조했다.

데이븐포트 교수는 "회사 결정권자들이 사업을 운영할 때 어떤 부분은 자동화해야 하고, 어떤 부분은 사람의 힘이 필요한지 결정해야 한다. 그 방향이 어느 정도 정해지면 회사는 직원들이 어떻게 본인의 능력과 기술을 보다 효과적으로 접목할 수 있는지, 앞으로 해당 직업을 지속하는 데 어떤 선택권이 있는지 지도해줄 수 있다"라고 설명했다.

그는 또 "의사, 변호사, 과학자 등 지식 근로자들도 자동화를 피해갈 수는 없다"라면서 어떤 직업이든 기계에 '가치value'를 더하는 방향으로 나아가야 한다고 주장했다. 다만 기계의 발전으로 인해 이런 직업들이 사라질 것이라는 부정적인 시각과는 달리, 지능형 기계와 협력하면 지금보다 더 많은 직업이 탄생할 수 있다고 말했다. 그는 "기계가 인간을 대체하는 속도는 많은 이들이 예상하는 것보다 늦어질 것이다. 인간이 기계와 함께 일할 수 있다면 더 빠른 혁신이 일어날 수 있다"라고 주장했다.

기업,
생태계 조성을 위한
협력이 절실하다

　　기업인들은 4차 산업혁명 시대에 어떤 전략을 짜야 할까? 사실 4차 산업혁명 시대는 개인들보다 기존 기업인들에게 더욱 어려운 숙제다. 필자들은 개인보다 기업들의 대응 방안이 훨씬 불투명하고 불확실하다는 것을 취재 과정에서 확인할 수 있었다. 어쩌면 한국 기업들이 지금처럼 대응했다가는 4차 산업혁명이 기존 기업 대부분을 집어삼킬지 모른다는 불안감이 엄습했다. 그 원인은 크게 두 가지로 나뉠 수 있다.

　　첫째, 기업들은 딜레마에 빠져 있다. 사출 성형 전문 중소기업인 A사의 사례를 들어보자. 반드시 익명을 전제로만 이야기하겠다고

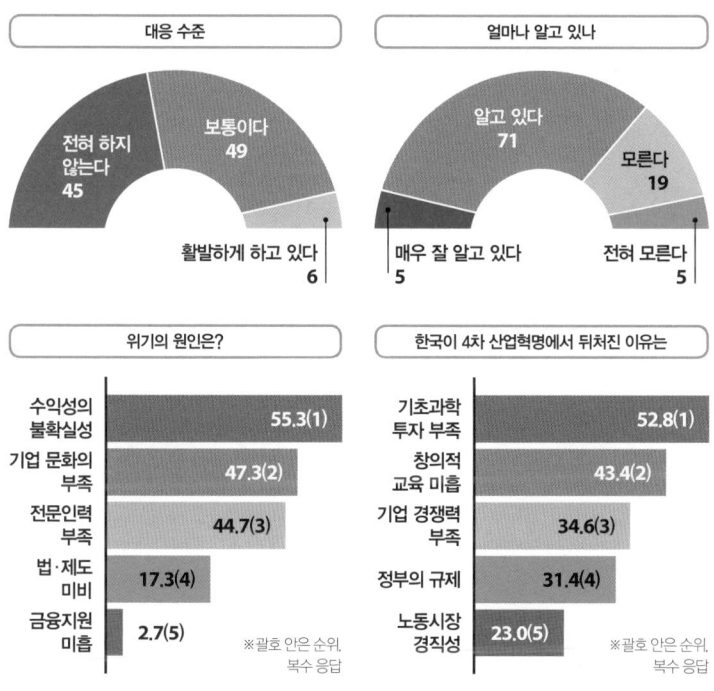

| 4차 산업혁명 시대를 맞는 국내 기업들 현주소

〈단위: %〉

대응 수준

전혀 하지 않는다 45

보통이다 49

활발하게 하고 있다 6

얼마나 알고 있나

알고 있다 71

모른다 19

매우 잘 알고 있다 5

전혀 모른다 5

위기의 원인은?

수익성의 불확실성 55.3(1)
기업 문화의 부족 47.3(2)
전문인력 부족 44.7(3)
법·제도 미비 17.3(4)
금융지원 미흡 2.7(5)

※괄호 안은 순위.
복수 응답

한국이 4차 산업혁명에서 뒤처진 이유는

기초과학 투자 부족 52.8(1)
창의적 교육 미흡 43.4(2)
기업 경쟁력 부족 34.6(3)
정부의 규제 31.4(4)
노동시장 경직성 23.0(5)

※괄호 안은 순위.
복수 응답

자료: 산업연구원

밝힌 이 회사의 사장은 정부가 추진하는 스마트 공장을 설립하고
자 추진은 하고 있다고 했다. 그러나 적극적으로 하지는 않는다. 향
후에 얼마나 돈을 벌 수 있는지에 대한 수지타산인 ROI(투자자금 대
비 향후 기대수익 비율)가 도저히 산출되지가 않기 때문이다. 우선 비
용은 고정돼 있다. 시스템 유지비, 실무자 교육비 등 매달 들어갈
고정비용이 자로 잰 듯 정연하다. 그런데 이 비용들을 생산성 향상

으로 메울 수 있을지에 대한 판단은 A사 사장에게 도저히 할 수 없는 영역이었다.

　A사 사장의 경우는 4차 산업혁명이 한국 기업인들에게 던져주는 딜레마를 보여주는 보편적 사례다. 필자들은 산업연구원과 공동으로 국내 309개 기업들을 대상으로 설문 조사를 해보았다. 4차 산업혁명의 위기 요인 중 가장 큰 것이 무엇인지를 물었다. 복수응답을 허용했는데, 응답자가 가장 많이 꼽은 것은 '수익의 불확실성'(55.3%·복수응답)이었다. 기업 문화 부족(47.3%), 전문 인력 부족(44.7%), 규제 문제(17.3%) 등 일반적으로 생각되는 기업들의 어려움들은 후순위였다.

　이는 제조업 부문의 기업 409개를 대상으로 4차 산업혁명을 일으키겠다는 목표로 설립된 한국인더스트리4.0협회의 설문 결과에서도 마찬가지였다. 스마트팩토리를 구축할 때 방해 요소가 무엇이냐는 질문에 가장 많은 응답은 불확실한 경제적 혜택(41.7%)이었다. 종업원의 역량 부족(30.9%), 기술적 성숙도의 부족(29.3%) 등과 같은 문제는 부차적이었다. 한국인더스트리4.0협회 회장을 맡고 있는 임채성 건국대학교 교수는 "제품과 비즈니스 모델 혁신에서 한국 기업들은 선진국에 비해 인력이나 기술 축적도가 미약하다"라고 지적했다. 대량생산에 초점이 맞춰져 있는 한국의 제조업 비즈니스 모델은 4차 산업혁명 시대에 180도 방향 전환을 해야 하는데, 재빠른 기술 개발 속도와는 달리 비즈니스 모델 개발은 더디다는 것이다.

4차 산업혁명을 위한 도구는 갖춰져 있는데, 그 도구를 어떻게 쓸지를 모르는 현실이 한국 기업인들의 4차 산업혁명 딜레마의 속내다. 박진우 서울대학교 산업공학부 교수는 "총수 한 사람이 모든 것을 진두지휘하는 조직 문화를 갖고 있는 한국 대기업들에게 4차 산업혁명은 맞지 않는다"라고 지적했다. 산업연구원의 설문 조사 결과에서도 4차 산업혁명에 맞는 비즈니스 모델을 확보한 기업은 전체의 3.6%에 불과했다. 4차 산업혁명 시대에는 기존 대기업들 대신 불확실한 미래에 실험적 투자를 감행하는 스타트업을 스핀오프 하는 형태의 비즈니스 전략이 결국 주효할 수 있다는 함의를 담고 있다.

송형권 건국대학교 글로벌 기술혁신경영연구소 부소장은 "산업 구조의 판이 바뀌는 4차 산업혁명 시대에 비즈니스 모델을 갖춰놓고 뛰어드는 기업은 극히 일부분이다. 결국 독일처럼 일단 대기업, 중소기업, 스타트업이 함께 모여서 같이 무언가를 해보는 시도들이 중요하다"라고 말했다.

오해가 없도록 한 가지는 짚고 넘어가야 할 것 같다. 위와 같은 한국 기업들의 4차 산업혁명 딜레마는 한국만 갖고 있는 현상은 아니다. 예를 들어 2016년 영국의 리서치업체 EEF가 조사한 결과를 보면 영국 제조기업의 90%는 영국이 4차 산업혁명을 받아들일 준비가 되어 있지 않았다고 응답했다.

EEF의 조사 결과를 보면 응답자의 70%가 4차 산업혁명이 과거 산업혁명에 비해 더 빠른 속도로 진행될 것이며, 영국은 그 결과 4차 산업혁명에서 뒤처질 것이라고 비관적인 대답을 내놓았다. 조사를 진행한 EEF 측의 관계자는 "대부분의 업체들은 스스로 돌파할 역량이 충분치 않다고 느끼고 있었고, 정부 등의 지원이 있어야만 성공할 수 있다고 봤다. 그러나 정부는 4차 산업혁명을 지원할 준비가 되어 있지 않다고 보는 기업인들이 대부분이었다"라고 말했다.

여기서 짚어야 할 점은 4차 산업혁명이 가져오는 딜레마, 즉 수익모델은 없고 기존 비즈니스 모델로도 돈을 적당히 벌 수는 있는 것처럼 보이기 때문에, 미래에 거대한 변화가 온다는 느낌이 있긴 하지만 정작 지금은 아무것도 하지 못하는 현상은 한국에만 존재하는 것이 아니라는 점이다. 미증유의 4차 산업혁명은 준비된 몇몇의 국가에게만 혜택으로 다가오고 있으며, 많은 국가에서 기업인들을 혼란으로 몰아넣고 있다.

둘째, 수요-발명-적용-상품화로 이어지는 R&D의 고리가 끊어져 있다. 그 고리를 잇기 위한 어떤 노력도 이뤄지지 않고 있다는 것이 기업 입장에서는 심각한 문제다. 4차 산업혁명 시대에 돈을 벌수 있는 비즈니스 모델이 궁한 것도 한편에서 보면 이해가 간다. 상품화할 수 있는 원천인 R&D의 생태계가 폐허화되어 있기 때문이다.

서울대학교 공대 교수들이 집필한 책 《축적의 시간》에서도 한국의 R&D 생태계 내에 역량의 축적이 부족한 현실을 질타하고 있다. 새로운 문제가 생겼을 때 그에 대처하려면 경험과 지식이 쌓여 있어야 해결 역량이 생기는데, 한국은 그동안 '축적stock 지향의 사회'가 아니라 '흐름flow 중심의 사회'였다는 것이다.

한국 산업의 구조를 연구하는 다른 학자들도 비슷한 이야기를 한다. 해외에서 혁신의 선례가 나오면 신속하게 캐치업을 하기 위해 정부 중심의 컨트롤타워가 설치되고, 그들이 산업 플레이어들을 경쟁시켜서 효율적인 결과를 끌어내는 시나리오가 이제까지 한국 산업의 대략적 역사였다. 마치 '관치금융'의 폐해처럼 지시와 규제를 통한 '관치' 산업 구조가 자생적 혁신이 생겨날 기업가 정신을 저해했다는 것이다.

산업연구원의 설문 조사에서도 한국이 4차 산업혁명에서 후발주자에 그칠 수밖에 없는 이유로 '기본'에 소홀한 한국의 기업 문화가 가장 많이 꼽혔다. 기초과학에 대한 투자 부족이 52.8%로 가장 높았고 창의적 교육 미흡(43.4%), 국내 기업 경쟁력 부족(34.6%), 정부의 규제(31.4%) 순이었다. 이현순 두산그룹 부회장은 "한국은 과거 산업혁명에서 200년이나 뒤처졌고 급하게 추격하느라 기초가 취약하다. 4차 산업혁명에 제대로 대응하려면 기초과학, 기초산업 등에서 처음부터 다시 출발해야 한다"라고 지적했다.

하지만 기초과학에 대한 꾸준한 투자가 4차 산업혁명의 필요충분조건은 아니다. 어떤 대단한 기술이 나오더라도 그를 받아줄 생태계가 조성돼 있지 않으면 무의미하다. 그런데 한국이 바로 그런 생태계 단절 상태에 있다. 고기영 한신대학교 교수는 "만약 어떤 스타트업들이 나와서 혁신적인 아이디어를 시장에 내놓는다고 하자. 그렇다 하더라도 지금은 그 신기술을 누구 하나 테스트하려 하지 않는다"라고 말했다.

필자들이 취재 도중에 확인한 산업 장비 회사인 B사의 실제 사례도 그랬다. B사는 한국형 네트워크 장비 신기술을 갖고 수요처들의 문을 두드렸다. 그러나 번번이 납품이 거절당했다. 테스트라도 해 달라고 했지만 수요처인 대기업들은 해당 장비의 우수성을 알면서도 외면했다. 테스트를 하는 데는 돈이 들어가고, 시간도 들어간다. 거기에 투자하지 않아도 이미 많은 돈을 벌고 있는 대기업들은 B사와 같은 중소기업의 기술 개발이 대단해 보이지도 않았고, 그를 위해 오랫동안 돈과 시간을 투입할 마음 자체가 없었던 것이다. B사는 심지어 산업통상자원부에서 4차 산업혁명을 이끌 K-브레인

기업으로 선정되기도 했다.

　다음카카오의 김범수 의장도 마찬가지의 아픔이 있다. 그는 연간 거래 규모만 1조 달러에 달하는 중국의 대표 전자결제 시스템 알리페이Alipay를 볼 때마다 속이 쓰리다. 카카오는 알리페이 국내 도입 2년 전인 2011년 말, 모바일 간편결제 서비스 '카카오페이'의 아이디어를 내놓았지만 개발엔 손도 대지 못했다. 규제에 집착한 금융 당국 때문이었다. 당시 카카오는 '카카오페이가 안 되는 이유'에 대한 해명만 하다 아이디어를 접었다. 역설적이게도 카카오페이를 다시 개발할 수 있었던 것은 알리페이의 국내 도입 이후부터다. 우리 토양에서 자란 혁신은 억눌려졌고, 외국의 우수 사례가 들어오면 부랴부랴 따라 하기에 급급한 전형적 사례였던 것이다.

　이처럼 시장의 수요에 의해 탄생한 기술이 시장에서 제대로 꽃도 피어보지 못하고 죽어버리는 일들은 4차 산업혁명이 이뤄지기 위해서는 어떻게든 해결이 되어야 한다. 관료들도 이 문제를 인식하고 있다. 주형환 산업통상자원부 장관은 "삼성이나 LG, 현대자동차 같은 대기업들도 4차 산업혁명의 생태계를 위해서라면 서로 손을 잡아야 하는데, 이해득실에 따라 영민하게 움직이는 대기업조차도 서로 손을 잡지 못하게 만드는 무언가가 한국에 존재하는 것 같다"라고 말했다.

　이런 생태계의 단절 현상의 원인에 대해 더욱 깊게 들어가는 것은 이 책의 본질과 멀어지는 일이다. 다만, 여기서는 잘 조성된

R&D의 생태계 모델을 제시해보고자 한다.

4차 산업혁명의 원류로 불리는 미국의 군·산·학 연합체는 바로 이런 과학기술의 흐름이 끊김 없이 연결되는 생태계의 모델이다. 인터넷, 애플의 음성인식 시스템인 시리, 휘어지는 디스플레이, GPS 등은 모두 미국의 군사 연구시설인 미국방위고등연구계획국 DARPA에서 비롯한 것들이다. 이광재 여시재 부원장은 "여기서 나온 R&D 결과들을 학계에서 테스트하고 산업계에서 상업화하면서 미국의 4차 산업혁명 역량이 길러졌다"라고 말했다.

결국 한국적 군·산·학 모델을 어떤 주제에 맞추어, 어떤 방식으로 만들지가 4차 산업혁명 시대 기업 차원에서의 과제로 떠오른다. 발명의 어머니는 필요라는 말이 있다. 거대한 수요가 거대한 생태계를 만든다. 미국은 전 세계의 슈퍼파워 지위를 놓지 않기 위해 군사적 R&D를 지속해야 했던 필요가 있었다. 군·산·학 생태계가 조성된 이유다.

불행히도 한국은 그런 거대한 수요가 없다. 오로지 가난을 벗어나서 돈을 벌어야 한다는 일념이 삼성과 같은 글로벌 기업을 낳았지만, 삼성을 중심으로 한 생태계는 만들지 못했다. 돈이 목적이었기 때문에 돈을 많이 버는 이상 기술의 진보 자체를 위한 생태계에는 관심이 없는 것이다. 따라서 생태계의 조성을 위해서는 의제 설정부터 다시 할 필요가 있다. 한국이 전 세계에 인류사적으로 기여할 수 있고, 잘할 수 있는 것이 무엇인지를 보아야 한다는 것이다.

여기까지는 한국 기업들이 4차 산업혁명 시대에 처해 있는 상황을 보았다. 그렇다면 이제는 해법이 궁금해진다. 기업들은 어떻게 해야 좋을까? 이 책의 4부에는 4차 산업혁명에 앞서 나갔던 기업들의 케이스들을 통해 타개책을 살펴본다.

생태계는 리스크를 줄인다
- 에릭 슈미트 · 서배스천 스런 기고문

에릭 슈미트 알파벳 회장(왼쪽)과 서배스천 스런 유다시티 대표(오른쪽)
(사진 제공: 매경DB, 위키미디어 커먼스)

기업들이 4차 산업혁명 시대에 생태계를 조성해야 할 필요성은 단지 신기술의 개발을 위해서만 있는 것은 아니다. 에릭 슈미트Emerson Schmidt 알파벳(구글 모회사) 회장은 온라인 교육회사 유다시티Udacity의 서배스천 스런Sebastian Thrun 대표와 함께 작성한 기고문을 통해 R&D 생태계는 인공지능과 같은 신기술의 위험을 줄여주는 역할을 한다고 강조했다. 그의 주장이다.

"인간은 대부분 자신의 실수를 통해 학습하지만, 다른 이의 실수를 통해 학습하는 경우는 매우 드물다. 하지만 인공지능은 다른 방식으로 진화한다. 한 대의 자율주행차가 실수를 저지르면 다른 모든 자율주행차는 그를 통해 학습한다. 실제로 새 자율주행차는 그들 선배 차량이 가진 모든 기술과 경험을 완벽하게 탑재한 채로 태어난다."

이 두 사람의 주장대로라면 인공지능에게 가르쳐줄 기회들을 많이 주는 생태계가 단단하면 단단할수록 인공지능의 위험도는 더욱 떨어진다. 그들은 그래서 "인공지능은 긍정적인 면이 부정적인 면을 넘어선다"라고 주장했다. 잠시 그들의 논리를 경청해보자.

"새로운 기술이 개발되던 초기에는 종종 회의론이 있었다. 최초의 코닥Kodak 필름 카메라는 예술을 파괴하는 물건으로 비쳤고, 전기도 처음엔 위험하다고 여겨졌다. 그러나 수백만 명의 사람들이 이 기술을 사용하고 공개적이고 협동적으로 발전해오면서 두려움이 점차 줄어들었다. 농업 혁명을 통해 사람이 농작물 수확의 노고를 던 것처럼, 인류는 인공지능 혁명을 통해 반복적이고 따분한 단순 작업에서 해방될 수 있다. 구글은 인공지능이 인간을 한계로부터 자유롭게 하고 인간의 강점을 강화시킬 수 있는 잠재력을 갖고 있다고 믿는다.

이런 세상을 한번 상상해보자. 똑똑한 어플리케이션들과 기기들을 사용해서 우리가 만났던 모든 사람을 기억하고, 우리가 말한 모든 것을 기억하고, 우리가 정말 갖고 싶었던 순간들을 경험할 수 있는 세상, 그리고 전 세계 모든 언어를 말할 수 있는 세상을 말이다. 우리가 나아가야 할 방향은 인공지능에 너무 겁먹지 말고 연구를 시작하는 것이다. 논쟁은 뒤로하고 효과적인 해결책을 모색해보자. 구글은 텐서플로TensorFlow 코드를 일반인에게 공개해 모두가 함께 프로그램 소스를 보고 수정할 수 있도록 했다. 이로써 전 세계 연구자들은 그저 보고서가 아닌 실제 코드를 공유하고 보다 쉽게 협력할 수 있게 되었다. 이러한 방식으로 우리는 컴퓨터들이 무엇을 배우고 데이터를 어떻게 사용하는지 알게 되며, 최고의 지능과 지혜를 사용하여 인공지능을 통제하고 개선해나갈 수 있는 것이다."

도시,
경쟁하고 진화하라

　　혁신의 생태계는 도시를 중심으로 흐른다. 지방 관료 사회에 진입한 공무원들은 물론, 도시에 거주하고 있는 시민들은 모두 4차 산업혁명을 도시의 관점에서 접근해볼 필요가 있다. 일찍이 리처드 플로리다Richard Florida 토론토대학교 교수가 말한 것처럼 '도시는 창조의 플랫폼'이기 때문이다. 도시가 잘 조성돼 있다면 4차 산업혁명은 훨씬 유리하게 전개된다. 필자들이 취재차 만난 유명 미래학자 존 나이스비트와 그의 아내 도리스 나이스비트Doris Naisbitt는 4차 산업혁명의 급격한 기술 진보는 신흥국 도시를 중심으로 이뤄질 것이라고 전망했다. 재능 있는 인재들이 몰리고 자본이 투입되는 한편, 인프라 개발이 진행되면서 이들 도시는 성장을 위한 기술 진보가 다른 도시들보다 급격히 이뤄질 것이라는 예측이다.

도리스 나이스비트는 "유럽의 종교 개혁도 도시화와 활자 인쇄 기술 덕분에 가능했다. 500년 전 세계 곳곳의 도시들은 진보의 선두 주자였고 경제적 요충지가 되기 위해 서로 경쟁하며 발전했다"라고 설명했다. 미국 서부 도시 개발도 마찬가지고, 중국도 도시 중심으로 내륙 지방 개발에 박차를 가하고 있다. 두 사람은 실제로 최근 중국 청두 인근의 한 소도시가 급격히 바뀌는 모습을 목격했다고 전했다. 약 3만 8,000명이 거주하는 이 소도시는 1950년대 토지 개혁 이후 소농들이 자리 잡고 살고 있었다. 그러나 새로운 리더가 등장해 기술 도입과 유기농 개발을 주창했고, 도시는 급격히 변하기 시작했다.

존 나이스비트는 "1년 반 전에 이 도시를 방문해보니 도시 전체가 혁신한 것을 볼 수 있었다. 오늘날 중국 정부는 IT를 활용해 외곽 지역에도 다양한 서비스를 제공하고 교육을 대도시 수준으로 끌어올리고 있다"라고 설명했다. 도리스 나이스비트는 "세계를 바라보면 20억 명이 빈곤에서 벗어나 중산층이 됐다. 4차 산업혁명 기술이 이런 부의 생산을 가속화할 것이며, 이는 아프리카 같은 나라의 도시들에서 뚜렷하게 나타날 것이다"라고 주장했다. 특히 도시로 인구가 몰리면서 건설하게 될 인프라 역시 4차 산업혁명과 밀접한 관련이 있다고 설명했다.

도시라는 플랫폼을 통해 4차 산업혁명을 이끌고 있는 네덜란드의 사례를 한번 보자. 콘스탄틴 크리스토프 프레데릭 아스빈Constan-tijn Christof Frederik Aschwin 네덜란드 왕자는 필자들과의 만남에서 "네덜란드만의 특별한 혁신 생태계 모델이 있다면 그건 지역·도시 간 상향식 경쟁과 협력 촉진이라고 할 수 있다"라고 말했다. 도시를 플랫폼으로 4차 산업혁명을 이루겠다는 전략인데, 여기까지는 한국과 크게 다르지 않다. 한국이 2016년 기준 연간 319억 원의 예산을 투입해 전국에 17개의 창조경제혁신센터를 운영하고 있는데, 네덜란드도 겉만 보면 이와 비슷한 형태를 취하고 있다. 마르튼 라머르팅크Marten Lammertink 주한 네덜란드 대사관 이등서기관은 "예를 들면 레이던은 바이오, 바헤닝언은 농업, 흐로닝언은 데이터, 로테르담은 클린테크 등과 같이 스타트업을 집중 지원할 산업들을 분화시켰다"라고 설명했다.

그러나 한 꺼풀만 벗겨보면 내용이 한국과 전혀 딴판임을 바로 알 수 있다. 라머르팅크 서기관은 "네덜란드와 한국의 벤처 생태계 차이점을 꼽자면, 한국은 하향식이지만 네덜란드는 상향식의 경향이 크다는 것이다"라고 말했다. 예컨대 네덜란드 정부는 스타트업들끼리 자발적으로 협력과 경쟁이 일어날 수 있도록 환경을 만들어주는 역할에 집중한다. 콘스탄틴 왕자는 "담당자를 절대 단기적으로 교체하지 않으면서 서비스 수요자들을 위해 항상 모두가 준비된 상태인지를 점검하는 것이 나의 일이다"라고 말했다. 네덜란드 빌럼 알렉산더Willem Alexander 국왕의 막냇동생인 그는 네덜란드 벤처 지원 기관 '스타트업델타StartupDelta'의 특사를 맡고 있다. 그는 스타트업 한 곳 한 곳을 도와줄 전담자를 장기적으로 포진시켜두고 혁신을 가꿔내는 환경을 만드는 데 집중한다고 했다. 차두원 한국과학기술기획평가원KISTEP 연구위원은 "기술이 발전할수록 국가 간 경쟁보다 도시 간 경쟁이 심화되고 있다. 이는 중앙정부의 운영이 아니라 상향식 지자체 발전 전략이 더욱 중요해진다는 것을 의미한다"라고 말했다. 차 연구위원은 "영국 테크시티 캐터필트 네트워크, 프랑스의 프렌치테크, 중국 창신경제, 미국 스타트업 아메리카 등의 정책들을 보면 모두 지역 주도 맞춤형 생태계를 구축하는 4차 산업혁명 전략들을 추진하고 있다"라고 말했다.

네덜란드 민관 스타트업 육성 프로그램 '스타트업 암스테르담'이 제공하는 네트워크 공간에서 벤처기업가와 투자자들이 상담하고 있다. (사진 제공: 스타트업 암스테르담)

관건은 도시를 어떻게 상향식 협업 생태계로 만드느냐에 있다. 혁신적 기업가가 등장하면 자금을 대는 벤처투자자가 붙고, 혁신을 테스트하고 구매하는 대기업이 유기적으로 연결되는 것이 중요하다. 콘스탄틴 왕자는 장기적 관점에서 정부의 개입 없는 협력과 경쟁의 촉진을 강조했다. 그는 "함께해서 강한 것이 있고, 경쟁해서 강한 것이 있다. 네덜란드의 각 지역들은 협력의 층과 경쟁의 층을 구분하면서 둘을 함께 도모한다"라고 말했다.

사물인터넷 관련 소프트웨어 플랫폼을 만드는 기업들을 서로 기술적으로 경쟁시키면서도 이 플랫폼을 테스트할 수 있는 데이터를 수집하는 환경은 서로 협력하게 만드는 식이다. 대신 공무원, 정치인들의 개입은 최소화한다. 콘스탄틴 왕자는 "2017년 3월 총선에서 어떤 정당이 승리하건 '스타트업델타'는 계속될 것이다. 스타트업과 관료 업무 처리 방식은 정반대다. 공무원들과 함께 일하지 않는 이유이다"라고 말했다. 왕실 일가인 콘스탄틴 왕자의 존재 자체만 봐도 네덜란드가 스타트업을 위한 지역 전략에 얼마나 장기적 관점을 갖고 접근하는지를 엿보게 한다.

정부의 역할은 따로 있다. 네덜란드 정부는 한국 같은 정부 주도 정책 대신 벤처기업들에게 자율성과 세제 혜택을 준다. 벤처기업들의 해외 진출에도 아낌없는 지원을 한다. 실패를 용인하는 문화도 네덜란드의 강점이다. 라머르팅크 서기관은 "네덜란드에는 벤처를 하다 실패해도 나쁘게 보지 않는 오픈 마인드가 있다. 한국에도 이런 점이 있으면 좋을 것이다"라고 말했다. 상향식 도시 전략 덕에 네덜란드에는 현재 3,500여 개의 벤처기업이 둥지를 틀고 있으며, 이 중 부킹닷컴Booking.com을 포함한 90개 정도가 성공적으로 안 착했다. 1,000억 원 이상 투자받은 벤처기업도 8개가 있다. 마스원 Mars One이라는 스타트업은 인류를 화성에 보내는 사업을 추진하고 있다.

| 네덜란드 4차 산업혁명 경쟁도시 현황

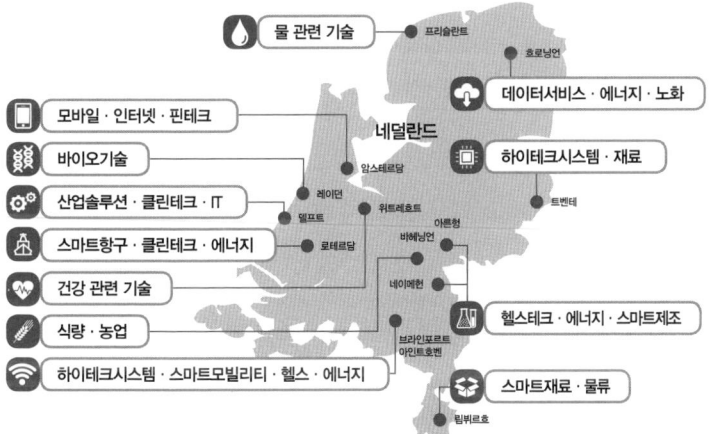

국가,
포용하고 또 포용하라

　　사실 필자들은 4차 산업혁명 시대에 국가의 역할이 크지 않다고 보고 있다. 모든 일은 도시를 중심으로 한 생태계에서 벌어지기 때문이다. 지금 4차 산업혁명의 경쟁은 한국과 미국, 일본, 중국의 대결이라기보다는 서울과 부산, 인천, 울산, 거제도 등과 상하이, 베이징, 선전, 도쿄, 오사카, 뭄바이, 뉴델리, 실리콘밸리 등이 서로 벌이는 각축전이다. 자율주행차, 드론, 스마트시티 등의 기술적 경쟁은 모두 도시 단위에서 이뤄지고 있다.

　　국가가 할 수 있는 일은 오히려 다른 곳에 있다. 사회적 자본, 즉 신뢰를 구축하고 질서를 예측이 가능하도록 바로잡는 것이다. 그를 위해서는 국가가 4차 산업혁명에 뒤처진 이들을 포용하고 끊임없이 소통하려는 노력이 무엇보다 중요하다. 그런 의미에서 필자들은 4차 산업혁명의 기술들을 활용해 국가의 신뢰구축을 세우고 있는 오드리 탕Audrey Tang(대만 이름 탕펑唐鳳) 대만 디지털총무 정무위원(장관)을 만나 인터뷰했다.

탕 장관은 그 존재 자체가 대만 정부의 포용성을 상징하고 있다. 차이잉원蔡英文 대만 총통이 2016년 10월에 임명한 오드리 탕은 IQ 180의 천재 해커이자 트랜스젠더이다. 대만 역사상 최연소 장관인데다 중학교 중퇴가 최종 학력이다. 모두 파격적인 경력이지만 대만 정부는 그를 영입하기 위해 없던 직위도 새로 만들었다. 린취안林全 대만 행정원장(국무총리)은 10월 그를 임명하면서 "탕 신임 위원의 역할은 기존의 정무위원과는 다르다. 각 부처에 대외적으로 정책 소통을 할 수 있는 플랫폼을 만들고, 민간이 정부의 정보를 충분히 이용할 수 있도록 해 산업 혁신을 꾀하겠다"라고 설명했다. 실제로 디지털총무 정무위원은 장관급이긴 하지만 정부 부처는 관할하지 않으며, 이전 정부에는 없던 직위다.

탕 장관은 8세 때부터 프로그래밍에 관심이 많았던 천재였지만 또래보다 조숙해 학교에서 따돌림을 당했다. 기자였던 탕 장관의 양친은 그가 14세 때 중학교 자퇴와 독학의 길을 지지해줬다. 2005년 탕 장관이 여성으로 성전환 수술을 받을 때도 전적으로 지원했다. 탕 장관은 16세 때 고등학교, 대학교에 가지 않고 혼자 스타트

오드리 탕
대만 디지털총무 정무위원
(사진 제공: 매경DB)

업을 설립했으며, 이후 전 세계적으로 사용되는 오픈소스 소프트웨
어 언어인 PERL의 발전에 큰 기여를 해 일약 주목을 받았다. 이후
애플의 컨설턴트로도 일했다.

　타이베이에 위치한 집무실에서 만난 오드리 탕 위원과의 인터뷰
에서 가장 인상적이었던 것은 집단 지성을 수렴하는 특별한 SNS를
고안해 정책에 연결시키고 있다는 점이었다. 이는 기술 때문에 피
해를 보는 마지막 한 사람까지도 포용하겠다는 철학적 목표 때문
에 나온 기술이라고 했다. 기술은 빨리 변화하는데 도태된 사람들
을 끌어안지 못하거나, 국민적 신뢰를 얻지 못한다면 어떤 4차 산업
혁명 혁신이 일어나더라도 지지를 이끌 수 없다는 것이 그의 논리
였다.

　탕 장관은 "아시아 각국 정부에서 주도하는 창조 혁신 정책들이

성공적이지 않다는 사실을 알고 있다. 정부가 주도한다고 하면 매번 시작은 거창하지만 결국 생태계를 만들지 못한다"라고 지적했다. 이 때문에 국민에게 "우리를 믿어달라"라고 강요하고 정책을 국민에게 하향식으로 내려보낼 게 아니라 '거버넌스 테크'를 통해 상향식 소통을 해야 한다고 그는 주장했다. 탕 장관은 "정부가 아무리 투명하고 좋은 방향으로 혁신을 주도한다고 해도, 국민은 파괴적 기술이 보편화된 한참 뒤에야 삶에 변화가 일어났다는 사실을 알게 된다"라고 말했다. 그 과정에서 일부는 일자리를 잃고 삶이 피폐해지는 것을 깨달을 수밖에 없다.

탕 장관은 "그래서 대만 행정부는 신기술 관련 도입 정책 과정에서 국민 한 사람 한 사람이 마지막으로 웃게 될 때까지 포용하려는 시도를 하고 있다. 이를 위해 머신러닝과 인공지능 등을 통해 특정 이슈에 대한 국민 의견을 듣고 정책 방향을 수정하고 있다"라고 말했다. 탕 장관은 이런 방식처럼 지배 구조 자체가 바뀌어야 하고, 정책을 국민 참여형으로 바꾸고 '스마트 국가' 개념으로 전환해야 한다고 주장했다. 탕 장관은 "이것이 바로 인권과 개인의 능력, 공정 및 공평 등 개념이 녹아든 창신創新의 과정이라고 생각한다"라고 덧붙였다.

국민의 참여를 이끌어내고 정책 의사를 결정하기 위해 일반 대중의 판단을 취합하는 데 시간이 많이 걸리고 절차도 번거롭지 않으냐는 지적에 대해 탕 장관은 "그렇지 않다"라고 말했다. 대표적 사례로 최근 대만을 떠들썩하게 만들었던 우버 관련 정책을 들었다.

우버는 대만에 정착했을 때만 해도 합법적이었지만 운수업자들과의 논란이 일면서 규제를 해야 한다는 여론이 들끓기 시작했다. 탕 장관은 국민 소통 웹사이트를 통해 실명으로 기재된 우버 관련 의견들을 수렴했다. 그 결과 찬성률 80% 이상인 세 가지 공통 의견을 도출했다. 정부가 운수업에 대한 우버의 악영향을 직시해 피해를 최소화하는 방안, 우버의 납세 문제 해결, 대만 국민에게 우버가 의무적으로 정보 공개를 해야 한다는 의견 등이었다. 우버의 경우 의견 수렴을 거치는 데 불과 1개월밖에 소요되지 않았다. 그는 "우버의 사례를 통해 대중의 의견이 투영된 정책이야말로 나중에 실제 그 정책을 적용할 때 반대하는 목소리를 줄일 수 있다는 교훈을 얻었다"라고 덧붙였다.

4부

4차 산업혁명 시대,
이런 전략이 필요하다

S P R I N K L E R
E C O N O M Y

인공지능
10년 준비한 엔비디아 스토리

　　지금까지 이 책에서는 4차 산업혁명이 왜 필요한지, 그리고 4차 산업혁명에 대비해야 하는 우리의 전략은 무엇이 좋을지, 4차 산업혁명 이후 개인, 산업, 도시, 국가 등 각 주체들은 어떤 상황에 처해 있으며 어떻게 대응하는 것이 좋을지에 대한 필자들의 취재 결과를 적어보았다. 이제 4차 산업혁명에 임하는 개별 주체들의 사례들을 한번 살펴보려 한다. 우수한 주체들의 사례들이 '이런 전략도 있구나' 정도의 구경거리가 아니라 실질적인 전략 수립에 도움이 됐으면 하는 마음에서다.

　　우선, 기업의 모범적 사례 중 하나인 엔비디아의 경우를 한 번

젠슨 황
엔비디아 창업자 겸 CEO
(사진 제공: 위키미디어
커먼스)

보자. 필자들은 앞서 3부에서 4차 산업혁명 시대 기업들이 딜레마에 빠져 있다고 지적했다. 4차 산업혁명 시대에 맞춰 뭔가를 하긴 해야 할텐데, 어떻게 비즈니스 모델을 만들지 도무지 길이 보이지 않는 상황 말이다. 이건 이러지도 저러지도 못하는 오리무중 같은 상황이라 '딜레마'라는 이름이 참으로 적합해 보인다. 그런데 엔비디아 같은 경우는 이 딜레마를 꾸준한 투자로 극복했다.

젠슨 황Jen Hsun Huang 엔비디아 창업자 겸 CEO는 2017년 초 미국 라스베이거스에서 열린 세계 최대 규모의 가전제품 박람회인 CES에서 비즈니스 모델이 아니라 비즈니스의 필요성을 보고 꾸준하게 투자한 것이 인공지능 기술 개발의 성공 요인이었다고 밝혔다. 그는 "우리는 인공지능 시대가 올 것으로 예견했다. 그래서 10년간 지속적으로 투자했다. 어떤 사업에 투자를 결정할 때 시장 크기가 선택 기준이 되어서는 안 된다. 그 일이 중요한지, 해야 할 일인지, 독창적인 일인지 등을 감안해야 한다"라고 조언했다.

엔비디아는 1993년 설립된 반도체 전문 기업이다. 초기엔 중앙처리장치CPU 시장에서 인텔과 경쟁하기도 했으나, 이후 그래픽처리장치GPU 분야에서 독보적 기술을 쌓아 업계 1위 기업으로 자리 잡았다. 최근 가상현실·자율주행차 등과 같은 4차 산업혁명 분야에서 핵심 기술을 보유한 기업으로 스포트라이트를 받고 있다. 학술정보 서비스 기업인 톰슨로이터Thomson Reuters에 따르면 엔비디아는 2016년에 50억 달러(약 5조 7,000억 원)의 연간 매출을 기록했다.

젠슨 황 CEO는 비즈니스 모델이 당장 수년 내에 보이지 않을 때도, 언젠가는 관련 기술이 필요할 때가 올 것이라는 믿음을 갖고 장기적으로 내다보면서 선제적으로 움직였다고 설명했다. 그는 "컴퓨터는 메인 프레임부터 미니 컴퓨터, 서버, PC, 인터넷, 모바일까지 숨 가쁘게 변화해왔다. 이런 단계는 10년 또는 15년 주기로 바뀌어왔는데, 지금은 인공지능 기반의 새로운 컴퓨팅 시대에 진입했다"라고 말했다.

그는 "이제 처음으로 딥러닝과 GPU가 새로운 세상을 만들기 시작했다. 우리는 그 변화의 중간에 있을 뿐이다"라고 강조했다. 젠슨 황 CEO는 그런 의미에서 비즈니스 모델 혁신과 변화가 유연한 스타트업이 4차 산업혁명의 주역이 돼야 한다고 강조했다. 이미 한 차

례 지나간 것처럼 보이는 스타트업 열풍이 여기서 그쳐서는 안 된다는 것이다. 그는 "지금은 스타트업 황금기이다. 우리는 이미 1,500개에 달하는 스타트업과 일하고 있는데, 역대 어느 때보다 많은 기업과 협력하고 있는 것이다"라고 강조했다. 또 그는 "각 스타트업은 스스로의 데이터를 갖게 될 것이며, 인공지능 때문에 더 많은 중소기업이 탄생할 수 있다"라고 말했다.

젠슨 황 CEO는 2017년 CES 기조연설을 통해 엔비디아의 주력 제품인 GPU에 인공지능을 탑재한 자율주행차, 인공지능 기반 TV, 음성인식 기기 등을 한꺼번에 선보이며 이 분야의 최첨단에 서 있음을 증명했다. 대만계 미국인인 젠슨 황 CEO는 오하이오주립대학교를 졸업하고 스탠퍼드대학교에서 석사를 마친 후, 서른 살에 창업해 20여 년 만에 엔비디아를 오늘날 실리콘밸리에서 가장 주목받는 회사로 키웠다.

스마트 공장으로
대기업 못지않은
중소기업을 만들다

꾸준한 투자는 여력이 있는 곳에만 가능하다고 생각할 수
있다. 그러나 중소기업 중에서도 4차 산업혁명 시대를 열기 위해 꾸
준하게 투자하는 곳들이 있다. 경기도 시화공단에 위치한 중소기
업 프론텍이 그런 케이스다. 프론텍은 4차 산업혁명의 본질인 '기존
산업 구조의 파괴'를 기술 도입으로 해결하려 하고 있다.

"대기업이 잘나가면 중소기업도 성공하는 시대는 지났다. 대기업
에 목매는 구조에서 벗어나지 못하면 4차 산업혁명 시대에 살아남
을 수 없다."

경기도 시화공단에 위치한 중소기업 프론텍의 민수홍 대표는 필

민수홍
프론텍 대표
(사진 제공: 매경DB)

자들에게 스마트 공장에서 그 돌파구를 찾았다고 말했다. 민 대표
는 "예전에는 고가의 기계 장비를 가져다 놓으면 그만이었지만, 이
젠 환경이 바뀌고 싸움의 방식이 바뀌었다. 설비를 효율적으로 만
들어야 한다"라고 말했다.

자동차용 너트와 공구 세트를 생산하는 프론텍은 현대·기아자
동차 등에 제품을 납품하는 매출 500억 원대 중소기업이다. 민 대
표는 "현대·기아자동차가 성장하면서 프론텍은 덩달아 매출이 오
르는 구조였지만 변화와 혁신이 필요했다"라고 말했다. 직원의 정
규직화를 통해 숙련도를 높이고 여성 인력 비율을 높이는 등 인력
구조 개선으로 성과를 냈다. 또한 생산 시간을 3년 만에 3분의 1로
줄였다.

생산성과 품질 모두 향상됐지만 지속적인 성장에는 한계가 있었다. 2015년 스마트 공장을 구축한 이유다. 대기업과 중소기업 간의 수직적인 하도급 구조에서 벗어나 장기적인 자생력을 갖는 길을 택한 것이다. 민 대표는 "독일 아디다스 스마트 공장의 사례를 접하면서, 인건비 때문에 해외로 나가는 것보다 국내에서 공장을 최적화하는 것이 성장의 비결이라고 판단했다"라고 말했다.

프론텍은 생산성 관리와 물류 시스템이 자동화되면서 생산성이 60%나 향상되고 생산비도 66% 절감됐다. U자형 셀라인을 구축하면서 평균 작업 인원은 5.5명에서 4명으로 줄었고 라인 효율성은 94%나 향상됐다. 프론텍은 추가로 단조 공정에 자체 비용을 들여 자동화 설비를 도입하는 등 전 공장의 스마트화를 추진하고 있다. 민 대표는 "중국, 베트남, 캄보디아 등 저임금 국가와의 경쟁이 갈수록 치열해지고 있다. 이들과 경쟁할 수 있는 가장 강력한 무기가 바로 스마트 공장이다"라고 말했다.

4차 산업혁명을
미리 준비하는 혁신 기업들

지갑 없이 장 보는 '아마존 고'

미국 워싱턴 주 시애틀에 거주하는 직장인 로라 하트 씨는 퇴근 후 지갑 없이 마트로 향했다. 저녁 식사에 필요한 파스타, 채소, 우유, 계란을 쇼핑 카트에 가득 채워 넣었다. 하지만 그는 계산대로 향하지 않았다. 쇼핑백 가득 식료품을 넣은 채 결제도 하지 않고 그냥 마트를 나왔다. 마트에서 물건을 사고 돈을 내지 않았는데 아무도 제재하는 사람이 없었다. 믿기 힘들지만 하트 씨는 도둑질을 한 게 아니다. 그는 인공지능 기술을 활용, 계산원과 기다리는 줄을 없앤 상점인 '아마존 고Amazon Go'를 이용한 것이다. 아마존 고는 4

차 산업혁명으로 인해 새롭게 펼쳐질 유통산업 게임의 법칙을 보여
주는 대표적인 사례다.

아마존 고는 세계 최대 온라인 유통업체 아마존이 개발한 최초
의 인공지능형 온·오프라인 통합 스토어다. 이곳의 외형은 일반 고
급 식료품점과 다름이 없다. 우유, 음료수, 과일, 빵은 물론 간단한
샌드위치 등을 파는 매장도 있다. 하지만 내부 모습은 다르다. 지하
철 입구에 있는 개찰구와 같은 기기에 아마존 고 애플리케이션을
터치하면 자동으로 소비자를 인식한다. 소비자는 원하는 제품을
자신의 가방에 담기만 하면 된다. 구매한 제품은 연동된 계정으로
자동 결제된다.

무엇보다 놀라운 것은 물건에 아무 식별 장치가 없다는 점이다.
카메라 영상을 인식하는 컴퓨터 비전과 머신러닝, 센서 등이 결합
해 이룬 경지다. 비슷한 기술을 쓰고, 기존 영업 방식을 파괴했다는
점에서 '소매 유통업계의 자율주행차'라는 얘기도 나온다. 상점에
내장된 컴퓨터 시각 센서와 생체 인식 센서, 딥러닝 기술 등 인공지
능 기술을 이용, 전자 태그RFID 같은 센서 없이 정확히 소비자의 쇼
핑 리스트를 알아낸다. 아마존은 이를 '저스트 워크아웃' 기술로
명명하고 소비자가 결제 과정 없이 그냥 매장을 나간다는 의미에서
서비스 이름도 아마존 고로 이름 붙였다.

아마존 고는 현재 아마존 직원 대상으로 본사가 있는 시애틀에
서 시범 서비스 중이지만, 2017년 초부터 2020년까지 매년 200개

이상씩 약 2,000개 매장이 미국 전역에 문을 열 예정이다. 아마존이 계획하는 매장 가운데 슈퍼마켓 크기는 1만~4만 평방피트(930~3,700㎡) 규모로, 한국 대형마트의 면적과 비슷한 수준이다.

아마존은 공식 블로그에 "4년 전부터 '줄을 서지 않고 계산대도 없이 쇼핑을 하는 방법이 없을까'를 연구하기 시작했다. 컴퓨터 시각 센서와 인공지능 기술의 발전이 우리의 꿈을 실현하게 했다"라고 전했다. 아마존은 이미 신선한 식료품을 소비자에게 직접 배달하는 '아마존 프레시'를 서비스 중이다. 이를 오프라인 상점으로 확대하기 위해 노력해왔으며, 아마존의 인공지능 기술과 결합하여 아마존 고를 탄생시켰다. 20년 전 아마존 서비스를 개시하며 물건을 꼭 매장에서 사야 한다는 통념을 무너뜨린 데 이어, 이제는 오프라

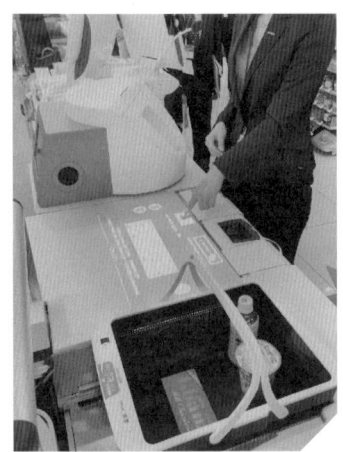

일본 편의점 로손의
계산원 로봇 '레지로보'
(사진 제공: 재팬타임스)

인으로 진출해서 물건을 사려면 계산대를 지나야 한다는 통념도 깬 셈이다.

유통산업에서 4차 산업혁명을 꾀하는 업체는 아마존뿐만이 아니다. 일본의 대형 편의점 프랜차이즈 업체인 로손은, 일본의 전자업체 파나소닉과 손잡고 직원 없이도 상품 계산과 포장이 가능한 편의점을 열었다. 이 편의점에는 직원 대신 '레지로보'라는 로봇이 배치됐다. 로봇의 이름은 계산대를 뜻하는 일본어 '레지'와 '로봇'을 합해 만든 것이다. 이름 그대로 계산원의 업무를 대신한다.

편의점 고객은 구입을 원하는 물건의 바코드를 장바구니에 달린 바코드 인식기에 찍은 뒤 장바구니 안에 넣는다. 물건을 다 고른 후 계산대 위에 바구니를 올리면 화면에 지불해야 하는 금액이 자동으로 뜬다. 이 금액을 결제한 뒤 바구니를 포장 지점으로 옮기면 로봇이 비닐 봉투에 물건을 담아준다. 로손과 파나소닉은 바코드 인식기에 물건을 찍을 필요 없이 장바구니에 담기만 해도 바로 계산되는 시스템도 곧 개발해 무인 편의점에 적용할 예정이다. 로손 관계자는 "고령화로 일손이 부족해져 편의점 계산원을 구하기가 어려워 레지로보를 도입하게 됐다"라고 설명했다.

아마존 고와 레지로보의 최대 강점은 인건비 절감이다. 미국의 마트당 평균 직원 수가 89명인데, 아마존 고는 6명으로 가능하다. 하지만 무인 계산대의 활성화로 인한 일자리 감소 논란은 피해갈 수 없을 전망이다. 미국에는 4,300만 명에 달하는 계산원이 있는데 이들의 직업이 사라질 위기에 처해 있기 때문이다.

로봇이 만든 원두커피 '카페 엑스'

유통뿐만 아니라 식음료업계에도 4차 산업혁명 바람이 불고 있다. 대표적인 사례로 2017년 초 미국 캘리포니아 주 샌프란시스코에 문을 연 로봇 까페 '카페 엑스Cafe X'가 꼽힌다. 이곳에서는 바리스타가 아닌 로봇이 만들어주는 커피를 맛볼 수 있다. 1시간에 120잔의 커피를 만들어내는 자동화된 커피 머신이다. 균일한 품질의 커피를 빠른 시간에 맛볼 수 있다는 점이 가장 큰 장점으로 꼽힌다.

먼저 고객들은 모바일 어플리케이션이나 카페에 마련된 무인 단말기인 키오스크를 통해 주문한다. 원하는 커피콩을 선택해 커피

미국 샌프란시스코에 위치한 무인 커피숍 '카페 엑스'
(사진 제공: 카페 엑스)

의 맛과 강도를 조절할 수도 있다. 커피 로봇은 두 대의 커피 내리
는 기계의 도움을 받아 제작한다. 로봇은 주문받은 커피를 에스프
레소 샷으로 내리고 스팀밀크를 넣어 커피를 만든다. 완성된 커피는
가판대에 올려놓아 손님에게 전달한다. 커피 자판기의 제작 시스템
과 비슷해 보이지만 커피맛은 다르다. 커피콩은 버브Verve, 피츠Peet's,
AKA 커피 등 유명 업체의 원두를 사용한다. 가격은 에스프레소 샷
2.25달러(약 2,600원), 카페라떼 8온스(약 226.8g)는 2.95달러(약 3,400원)
로 다른 커피숍에 비해 합리적이다.

　카페 엑스를 창업한 헨리 후Henry Hu는 "커피를 주문하고 제작하
는 데에 있어 기다리는 시간을 최소화하기 위해 로봇 커피를 고안
하게 됐다. 대부분의 바리스타들이 커피를 단순히 이동시키는 데

시간을 할애한다"라고 지적했다. 카페 엑스는 커피를 이동시키는 데 소요되는 단순 노동의 비효율성을 해소시켜준다. 로봇 커피에는 고객의 주문을 돕는 1명의 인원만이 필요하다. 전문 커피 바리스타의 레시피를 카페 엑스 로봇에 적용해 커피를 제작할 수도 있다.

초고속 배달 피자 '줌피자'

피자를 만드는 로봇도 있다. 2016년 4월 사업을 시작하여 로봇으로 피자를 만드는 스타트업 '줌피자Zume Pizza'는 미국 캘리포니아주 실리콘밸리를 중심으로 성업하고 있다. 줌피자는 피자 제작 과정에서 토핑 놓기를 제외한 대부분의 작업을 로봇이 맡고 있다. 사람과 로봇의 협력으로 피자 배달에 걸리는 시간도 평균 약 22분으로 일반 피자의 45분보다 빠르다. 손님이 주문한 피자를 가게에 구워서 배달하는 게 아니라, 배달차에 설치된 이동식 오븐에서 도착 4~5분 전에 구워 가장 맛있을 때에 음식을 손님 손에 전달하는 게 가장 큰 장점이다.

줌피자의 경쟁력은 사람과 로봇의 효율적인 작업 분담 시스템이다. 줌피자에서 로봇은 주문과 계산, 배달뿐만 아니라 피자 제조에도 직접 참여한다. 공동 창업주인 줄리아 컬린스Julia Collins는 식당을 운영했고, 알렉스 가든Alex Garden은 마이크로소프트에서 비디오 게임 콘솔인 엑스박스Xbox 사업을 총괄한 전문가들이다. 피자 제조와 경영에서 컬린스의 현장 노하우를, 로봇 운용에선 가든의 IT 기술이 융복합을 이뤘던 것이다.

줌피자에서 로봇은 소스 뿌리기, 소스 바르기, 오븐에 피자 넣기 등 단순한 작업을 실행하지만, 매우 정교하고 일관성 있는 작업으로 높은 생산성을 창출해내고 있다. 피자 제조의 핵심 작업인 도우 만들기, 토핑 얹기는 물론 사람이 맡는다. 즉 '페페와 존Pepe and John'이라 불리는 로봇은 사람 작업자한테 넘겨받은 둥근 도우 위에 토마토 소스를 뿌리고, 이어 로봇 '마르타Marta'가 도우에 소스를 골고루 바른다. 손님이 주문한 토핑 재료를 사람이 직접 도우 위에 얹는 작업이 끝나면 로봇 '브루노Bruno'가 넘겨받아 오븐에 집어넣어 약 426도 열기로 1분 30초 동안 부분 굽기를 마친다.

줌피자의 로봇 '브루노'가 피자를 만들고 있다.
(사진 제공: LA타임스)

부분 굽기를 끝낸 피자는 앞에서 언급한 줌피자의 최대 장점인 '배달 중 즉석 조리'를 가능케 하는 이동식 오븐을 장착한 배달차에 역시 '빈첸시오Vincencio'라는 로봇이 옮겨 놓는다. 배달차에는 이동식 오븐이 56개 설치돼 있다. 이렇게 배달차에 오른 피자는 주문자의 집에 도착 전 4분쯤 탑승한 직원이 오븐에 넣어 3분 30초간 굽고 30초간 식혀서 주문자의 손에 넘긴다. 이밖에 도미노피자, 피자헛 등 피자 시장의 전통 강자들도 로봇 활용에 적극 나서고 있다.

내 입맛에 딱 맞는 와인을 만들어주는 '뱅퓨전'

와인은 제조 과정이 복잡하고, 맛 또한 워낙 다채로워 '신의 물방울'이라고 불린다. 하지만 빅데이터의 발달로 내 입맛에 딱 맞는 와인을 집에서 직접 제조할 수 있는 시대가 도래했다.

제품 개발 및 기술 컨설팅 업체인 캠브리지 컨설턴트Cambridge Consultants는 여러 와인을 조합해 이용자가 원하는 맛의 와인을 만드는 '뱅퓨전Vinfusion' 시스템을 개발했다. 뱅퓨전은 여러 포도주를 혼합해 특정 풍미와 향을 만들어내는 방식으로 이용자에게 알맞은 와인을 만들어낸다.

사용 방법은 간단하다. 뱅퓨전 전용 애플리케이션에 접속해 와인의 바디감(진한 정도), 단맛, 드라이감 등의 정도를 선택한다. 뱅퓨전은 이용자가 고른 '풍미 알고리즘flavor algorithm' 정보를 분석해 와인

맞춤형 와인 제조 기기
'뱅퓨전' (사진 제공:
캠브리지 컨설턴트)

을 블렌딩한다. 완성된 와인은 곧바로 와인 잔에 채워진다. 이 기기의 출시 가격은 아직 정해지지 않았지만 수백만 원에 달할 것으로 전망된다.

뱅퓨전 개발에 참여한 사히드 위말라트네Sajith Wimalaratne 개발부장은 "뱅퓨전은 수백여 가지 다른 맛의 와인을 제조할 수 있다. 와인 제조 업계는 수십 년간 와인에서 특정 맛이나 아로마를 내기 위해 적절하게 블렌딩하는 방법을 연구해왔는데 이를 뱅퓨전이 성공한 것이다"라고 말했다.

인공지능을 활용한 와인 소믈리에도 있다. 일본의 와인 유통업체인 컬러풀보드COLORFUL BOARD는 고객의 입맛을 진단해 와인을 추천하는 'AI 소믈리에' 서비스를 2016년부터 시행하고 있다. 뱅퓨전과 마찬가지로 와인의 단맛과 쓴맛, 맛의 깊이와 신선함, 바디감 등 6개 항목을 각각 5단계로 나눠 고객의 입맛과 성향을 측정, 분석해 제품을 추천해주는 식이다. 와타나베 유키渡辺祐樹 대표는 "미각은 주관적이기 때문에 파악하는 데 비용이 많이 들며, 자칫 잘못된 제품을 추천했다가 고객의 불만을 받을 수 있다. 이런 제품 추천의 어려움을 AI가 해결했다"라고 밝혔다. 이 서비스는 일본 최대 백화점인 이세탄백화점 신주쿠 본점 등 대형 유통 업체들이 사용하고 있다.

로봇 바텐더도 등장했다. 세계 최초의 로봇 바텐더인 '카보CABO'는 서울 신라스테이 역삼 동편 건물 2층에 자리 잡은 클래식 바인 커피바케이Coffee Bar K에서 일한다. 현재 카보가 할 수 있는 일은 '아이스 카빙'이다. 원래는 얼음 덩어리를 조각한다는 의미인데, 바텐더들이 얼음을 둥그렇게 깎아내는 작업이다. 얼음을 둥그렇게 깎는 이유는 얼음이 녹는 속도가 느려져 물에 천천히 녹아 위스키를 시원하게 마실 수 있기 때문이다. 인공지능이 탑재된 건 아니라서 카보는 손님들과 대화를 나눌 수는 없지만 향후 IBM의 왓슨을 탑재해 인공지능 바텐더로 성장시킬 계획이라고 업체 측은 전했다.

농업을 바꾸는 4차 산업혁명, 네덜란드 프리바

　　사물인터넷과 신기술을 통해 농업의 법칙을 바꿔나가는 네덜란드의 온실 기자재 기업인 프리바Priva도 흥미로운 사례다. 농업에 4차 산업혁명을 적용한다면 어떤 결과가 나올까? 재미있는 사실은 날씨와 기후, 병충해와 관계없이 예측 가능한 작황을 창출해내는 것이 '농업에서의 4차 산업혁명'이라는 것이었다.

　　네덜란드 암스테르담에서 남서쪽으로 약 70km 떨어진 곳에 위치한 헤이그. 6,000여 개의 유리 온실이 끝없이 펼쳐진 헤이그의 한가운데에 프리바가 있다. 1959년 설립된 프리바는 커다란 유리 온실의 환경을 일정하게 조절하여 작물의 생산성을 향상시키는 기술을 제공하는 기업이다. 1959년 당시 프리바는 비닐하우스 내부를 따듯하게 하기 위해 난로를 설치하고, 거기서 발생하는 이산화탄소를 작물 재배에 다시 활용하는 방식의 아날로그 시스템을 개발해 판매했다. 당시 사진을 보면 건장한 남성 5~6명이 들어갈 수 있는 크기의 컴퓨터가 비닐하우스 안에 놓여있다. 프리바의 온실 기술은 미국, 중국, 한국, 일본, 스페인 등 전 세계로 수출되고 있다.

네덜란드는 영토가 바다와 인접하고 저지대에 위치해 있어, 지하수에 염분이 가득하기 때문에 지하수를 농사에 사용할 수 없다. 지하수를 활용할 수 없는 네덜란드에서 온실을 운영하려면 물을 어딘가에서 끌어와야 한다. 그만큼 많은 비용이 필요하다. 프리바의 아시아 지역 매니저인 테라 롤링Thera Rohling은 "악조건 속에서도 프리바의 기술이 세계적으로 인정받을 수 있었던 이유는 끊임없는 R&D와 혁신에 있다"라고 말했다. 프리바의 직원은 480여 명으로 중견 기업에 해당하지만 연매출은 6,500만 유로(약 780억 원)에 달한다. 이 중 20%를 매년 R&D에 재투자하고 있다. 네덜란드 상위 30개 기업 중 R&D 투자 순위는 27위이다. 롤링 매니저는 "회사 규모는 작지만 R&D 투자는 네덜란드의 대기업 못지않다"라고 말했다. 그런 프리바의 R&D 성과를 확인할 수 있는 인상적인 장면이 하나 있었다.

필자들이 프리바를 방문했던 2017년 1월 13일, 프리바는 토마토 농장에서 불필요한 가지를 제거할 때 사용하는 로봇인 '콤파노

프리바가 개발한 로봇 '콤파노'는 토마토 곁가지를 스스로 제거할 수 있다.
프리바는 토마토 농장을 운영하는 기업인, 연구자들과 함께 콤파노를 개발하여
2017년부터 본격적으로 판매한다는 계획이다. (사진 제공: 프리바)

KOMPANO'를 공개했다. 토마토는 자라면서 가지와 잎줄기 사이에
곁순이 자란다. 이를 제때에 제거해주지 않으면 영양이 분산돼 토
마토 크기가 작아지고 맛이 없어진다. 지금까지 곁순 제거는 사람
이 직접 이동하면서 해왔다. 프리바는 2016년 토마토 농장을 운영
하는 사람들과 함께 곁순 제거를 스스로 할 수 있는 로봇 콤파노를
개발했다. 다양한 센서가 달린 콤파노는 토마토 작물 사이사이를
이동하면서 곁순을 정확히 제거한다. 프리바는 R&D에 참여한 토
마토 재배 기업을 대상으로 먼저 판매를 시작했다. 2017년 말부터
본격적으로 시장에 내놓겠다는 계획이다.

　프리바는 물고기와 토마토를 함께 기르는 기술도 개발하고 있다.

KIST SFS융합연구단이 개발한 토마토 농장의 모습. 연구자가 작물의 생장을 스마트폰으로 촬영해 기록하면서 데이터를 수집할 수 있다. (사진 제공 : KIST)

롤링 매니저는 "물고기의 배설물이 쌓인 물은 토마토에 영양분을 제공하고, 따뜻한 온실에서 자란 물고기를 판매할 수 있을 것이다. 친환경에는 경계가 없는 만큼 우리는 다양한 분야에서 R&D를 끊임없이 하고 있다"라고 말했다.

프리바는 유리 온실의 온도나 습도 등의 환경을 일정하게 유지하는 기술을 단순히 농업뿐만이 아닌 다양한 분야에 적용하고 있다. 1990년대 중반부터는 네덜란드에 있는 고층 건물을 중심으로 실내 환경 조절 기술을 개발해 판매하고 있다. 2017년까지 유럽과 미국 등에 있는 5만여 개의 빌딩에 관련 기술을 적용할 계획이다. 네덜란드 내에서는 독보적이며 유럽으로 확장할 경우 경쟁 상대는 지멘스 정도에 불과하다. 실내에서 작물을 재배하는 기술을 약 8,500여 개 빌딩에 적용하기도 했다.

프리바는 농업에 ICT를 적용할 때 '경험'이 중요하다고 강조했다. 농업과 관계없는 사람들이 단순히 ICT를 적용만 하면 된다고 생각하는 것은 오산이라는 얘기다. 롤링 매니저는 "프리바는 R&D를 할 때 반드시 관련 농민들과 함께 진행한다. 농업은 경험이 상당히 중요하고, 유리 온실이 하나의 유기체처럼 움직여야 하기 때문에 관련 지식이 없이는 우수한 성과가 나올 수 없다"라고 말했다.

롤링 매니저는 한국의 농가 상황에 대해 자세히 알고 있었다. 특히 대기업이 스마트팜 산업에 뛰어들었지만 농가의 반대로 인해 무산된 것을 안타까워했다. 그는 "농업은 더 이상 농부들만의 일이 아니다. 이제는 기업가 정신이 포함되어야 한다. 어떻게 하면 생산성을 높일 수 있고 돈을 벌 수 있는지에 대한 고민이 필요한 시기이다"라고 지적했다. 롤링 매니저는 "농업에 정치가 개입하는 일은 없어야 한다. 정부가 할 일은 농민들이 생산성을 높여 농가가 많은 돈을 벌 수 있도록 도와주는 것이다"라고 덧붙였다.

한국과 비슷한 숫자인 4,000여 곳의 양돈 농가를 보유하고 있는 네덜란드는 어미 돼지 한 마리가 새끼를 낳은 뒤 건강하게 자라 시장에 출하되는 마릿수가 28.1마리로 한국의 17.8마리를 훌쩍 웃돌고 있다. 두 나라에서 기르는 돼지의 종류는 큰 차이가 없다. 새끼가 4주 안에 죽는 폐사율도 한국이 14.8%로 높은 반면 네덜란드는 4.7%로 낮다. 돼지 무게 1kg을 기준으로 필요한 사료 비용은 한국이 2.83유로(약 3,400원), 네덜란드는 1.66유로(약 2,000원)다.

이곳에 있는 모든 돼지들은 거세를 하지 않았다. 거세를 하지 않으면 남성호르몬의 일종인 테스토스테론 등으로 인해 구웠을 때 노린내가 날 가능성이 크다. 상품성이 떨어지는 것이다. 하지만 동물복지가 새로운 화두로 떠오르면서, 동물에게 덜 고통을 주면서 사람들이 소비할 수 있는 방안에 대한 관심이 높아지고 있다. 연구소

| 네덜란드의 농가 현황

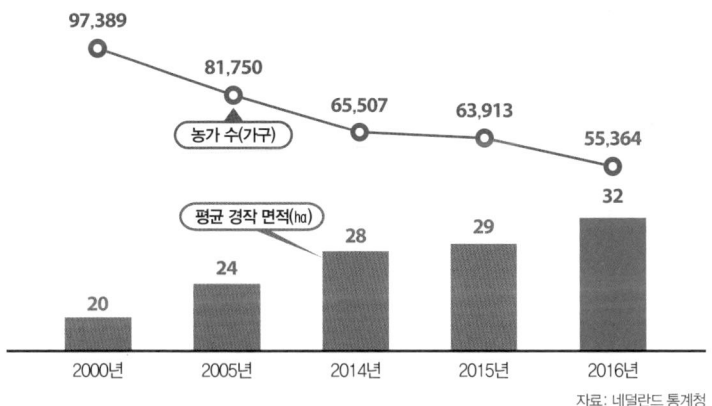

자료: 네덜란드 통계청

| 한국과 네덜란드 농가 비교

에서는 거세하지 않고도 맛을 유지할 수 있는 방안을 찾고 있다. 시장이 원하는 방향의 연구를 통해 농가의 소득을 꾸준히 끌어올리겠다는 것이다.

또한 네덜란드는 2009년부터 지속적으로 돼지에게 사용하는 항생제의 양을 줄이고 있다. 2009년과 비교했을 때 돼지에게 쓰는 항생제 사용량은 60%가량 감소했다. 이는 유럽의 다른 농가와 비교하면 절반 수준에 불과하다. 온도와 습도 같은 환경의 개선을 통해 돼지가 항생제를 맞지 않더라도 면역력을 높여주는 방안을 찾고 있다. 이 역시 동물 복지에 대한 관심이 높아지면서 새롭게 생겨나는 시장에 대응하기 위한 방침이다. 네덜란드는 2018년까지 모든 돼지를 거세하지 않겠다는 방침을 세웠다. 한국은 현재 100% 거세하고 있다.

네덜란드는 또 2020년까지 돼지 꼬리도 자르지 않겠다는 계획이다. 우리에 있는 돼지들은 서로 꼬리를 물어뜯는다. 그 결과 감염이 발생하여 상품성이 떨어지는 경우가 많다. 양돈혁신연구소에서는 사료에 들어가는 영양소의 배합 조절을 통해 꼬리가 잘린 돼지의 상처가 얼마나 빨리 회복되는지를 연구하고 있다. 독일 시장에서는 꼬리를 자르지 않은 돼지의 경우 15유로(약 1만 8천 원)의 가격을 더 매기고 있다. 현재까지 연구 결과, 섬유질을 많이 먹은 돼지일수록 상처가 빨리 아무는 것으로 나타났다.

이처럼 새롭게 생겨나는 시장에 빠르게 적응하기 위해 정부와 대학교, 연구소가 나서서 기술을 개발하고, 농가는 이를 믿고 적용해 발 빠르게 시장 상황에 대처해나가고 있다. 농촌진흥청 국제기술협력과의 최선태 총괄팀장은 "돼지와 관련된 연구를 하거나 농가를 운영하고 있는 사람들은 이곳에 자주 모여 기술과 시장의 변화에 대해 이야기하면서 빠르게 대응해나간다. 정부와 기업, 대학교의 선행 연구가 사장되지 않고 실제 농가와 연계되면서 네덜란드 양돈 산업 생산성은 세계 최고 수준을 유지하고 있다"라고 말했다. 현재 농촌진흥청은 바헤닝언대학교 연구소와 함께 이 같은 네덜란드 시스템을 한국에 적용하는 시범 사업을 연구하고 있다. 최선태 팀장은 "이 같은 시스템이 한국에 잘 도입된다면 정체되어 있던 한국 양돈 산업의 생산성을 획기적으로 늘릴 수 있을 것이다"라고 기대하고 있다.

농촌진흥청 청장을 지내고 현재 바헤닝언대학교에서 객원연구원으로 일하고 있는 민승규 연구원은 "현재 바헤닝언대학교는 IoTInternet of things(사물인터넷)'에 걸맞는 IoFInternet of farm and food(농업·식량 인터넷) 프로젝트를 추진하고 있다"라고 말했다. 2017년부터 4년간 추진되는 이 프로젝트는 바헤닝언대학교를 중심으로 전 세계 16개국 73개 연구소가 참여하고 3,000만 유로(약 360억 원)의 돈이 투자된다. 사물인터넷처럼 농업에 IT 기술을 접목시켜 새로운 시장을 창출하겠다는 것으로 그 중심에는 바헤닝언대학교가 있다. 기존 기술에서 더 나아가 생산성을 높이고 식량 안전성, 동물 복지 등을 끌어올리겠다는 것이 목표다.

전문가들은 이처럼 네덜란드 농업이 발전할 수 있었던 큰 원인 중 하나를 '협동조합'에서 찾고 있다. 협동조합은 농가 일부가 서로 협력을 맺고 농산물을 함께 판매하는 것을 의미하는데, 현재 네덜란드에는 약 5,000여 개의 협동조합이 존재한다. 이 중 50여 개는 연매출이 100억 원 이상이다.

로열페퍼스의 드용 매니저는 "4차 산업혁명 시대에는 과거와 같은 방식으로 농장을 경영할 수 없다. 기술력보다는 변화에 맞설 수 있는 경영 능력이 필수적이다"라고 지적했다. 아예 그는 "나는 농부가 아니라 기업에서 일하는 직원이다"라며 필자들이 '농가Farm'라는 말을 쓸 때마다 '기업Firm'이라고 불러달라고 수정을 요청했다. 장미 등 화훼 작물을 유리 온실에서 100% 생산하고 있는 플라이트 프로페셔널의 경영매니저인 니코 웨어헤임Niko Warehime도 "기업 경영이라고 생각하지 않으면 더 이상 농업을 할 수 없는 시대가 됐다"라고 말했다.

단지 기술이 뛰어나서 이런 혁신이 가능했을까? 아닌 것 같았다. 네덜란드 현지 관계자들은 "기술적으로 네덜란드가 한국보다 뛰어나지는 않다"라는 말을 강조했다. 바헤닝언대학교의 민승규 객원연구원은 "한국 기업들이 보유한 기술과 비교하면 네덜란드 농가가 적용한 기술을 첨단이라고 보기 힘들다. IT와 관련 인프라만 잘 활용한다면 적용하지 못할 이유가 없다"라고 말했다. 결국 핵심은 농

KIST가 개발한 스마트팜을 적용한 딸기 농가의 모습. 과실에 결로가 생기는 것을 막을 수 있는 센서가 부착된다. 스마트팜을 적용하지 않은 경우, 농민들은 결로를 막기 위해 해가 뜨기 전 일어나 보일러를 켜놔야만 했다. 결로 방지 시스템이 적용되면, 과실 표면을 측정하는 센서가 과실 근처에 설치돼 내부 온도를 스스로 조절할 수 있다. (사진 제공: 매경DB)

업을 한다는 마인드가 아니라 기업을 경영한다는 마인드이다. 바헤 닝언대학교 연구소의 아시아국제협력매니저인 아르요 로트하위스 Arjo Rothuis는 "네덜란드에서도 최신 기술을 적용하는 농가는 전체 의 2~5%에 불과하다. 선도 농가들이 나타나면 해당 사례가 전파되 면서 많은 농가들이 이를 뒤따른다"라고 말했다.

한국에도 선도 농가들이 있다. 그리고 이들 선도적 농업 기업들 이 도입하고 있는 4차 산업혁명은 돈을 버는 법칙을 바꾸고 있었 다. 강원도 강릉시 연곡면 동덕리에서 딸기 농사를 짓는 김동열 씨 는 딸기 농사 경험이 전혀 없었지만, 스마트팜 기술을 도입하면서 재배 첫해에 소위 말하는 '평타'를 쳤다. 그는 "20년간 딸기 농사

KIST 강릉분원이 개발한 스마트팜 기술을 실제 딸기 농가에 적용한 모습.
스마트폰을 이용해 온도와 습도, 햇빛의 양, 풍향 등을 알 수 있다. (사진 제공: 매경 DB)

를 지은 분과 비교하면 소득이 적었지만 평균 매출은 달성했다. 스
마트팜 기술 덕분이다"라고 말했다. KIST 강릉분원이 개발한 스
마트팜 기술을 적용한 그는 딸기들의 생육 정보를 체계적으로 분석
한 애플리케이션을 활용해 데이터 기반의 농업을 하고 있다. 본래
딸기 농사는 수년간 시행착오를 거쳐야 자리를 잡는 법인데, 김 씨
네 농가는 스마트팜의 도입으로 그런 기존 산업의 법칙을 깨고 있
는 것이다.

사실 KIST가 개발하고 있는 스마트팜 기술은 아직 시장에는
출시되지 않은 새로운 내용을 담고 있다. 3중으로 된 비닐하우스
의 외벽은 온도 조절의 불균형을 막는데 도움을 준다. 온도를 낮추

기 위해 비닐하우스 창을 열면 외부와 가까운 쪽의 온도는 빨리 떨어지고, 비닐하우스 안쪽의 온도는 늦게 떨어지는데, 벽을 3중으로 만들어 공기를 한번 순환시킨 뒤 과실과 만나게 하면 비닐하우스 전체의 온도를 동일하게 조절할 수 있다. 과실 근처에는 작은 센서가 장착되어 있다. 과실 표면의 온도가 급격히 떨어질 때 발생하는 결로를 막기 위한 장비다. 비닐하우스 내에서는 KIST 연구원들이 딸기 잎과 과실을 스마트폰으로 촬영하고 있었다. 딸기의 생육 정보를 체계적으로 분석해 농가에게 재배 작물의 생육 상태 및 수확량 예측 정보를 제공하는 어플리케이션이다.

KIST 강릉분원의 노주원 SFS융합연구단장은 "연구단이 개발한 생육 측정 어플리케이션을 내려받은 뒤, 매주 제시되는 생육 측정 항목대로 사진을 찍고 간단한 숫자를 입력하기만 하면 작물의 생육 정보가 취득·저장되어 농가가 재배 작물의 생육 정보를 편리하게 취득할 수 있다. 이를 향후 생산성 향상과 품질 개선 등에 활용할 수 있다"라고 설명했다. 우리나라의 스마트팜은 단순히 온도, 습도, 이산화탄소 등 하드웨어 중심으로 온실 내 환경만 제어하는 편의성 위주의 스마트팜 1.0 기술이 적용되고 있다. KIST SFS융합연구단의 박수현 선임연구원은 "네덜란드의 프리바도 현재 데이터 기반 스마트팜 기술을 개발하고 있다. 기술적인 측면에서는 우리도 절대 뒤지지 않는다"라고 덧붙였다.

국내에서 스마트팜을 연구하는 전문가들은 한국의 농업 특성에 맞는 기술 개발이 필요하다고 주문했다. 또한 영세 농가라 하더라도 스마트팜 적용이 충분히 가능하며, 이를 통해 매출을 극대화시킬 수 있다고 설명한다. KIST 천연물연구소의 김형석 선임연구원은 "농업 역시 첫 번째 목적은 이윤 창출이다. 이윤을 염두한 기술을 개발해 농가에 적용시켜 경쟁력을 높여줘야 한다"라고 말했다. 이정현 전남대학교 식물생명공학부 교수는 스마트팜을 내비게이션과 비교했다. 그는 "내비게이션은 마티즈와 BMW 모두에게 필요한 기기가 됐다. 하지만 아직 한국 농가에서는 BMW에게만 내비게이션을 적용시켜야 한다고 생각한다"라고 지적했다. 그는 "농가의 편리성, 노동 부하 경감, 생산 효율 증대를 위한 시스템을 농가와 함께 만들어나가면 우리 농업도 바뀔 수 있다. 정부, 농가의 인식 전환이 필요한 시기이다"라고 말했다.

4차 산업혁명은
보안의 골든타임이다

4차 산업혁명으로 인해 급격히 그 매출이 증가할 것으로 예상되는 수혜 업종은 따로 있다. 바로 '보안' 소프트웨어가 그것이다.

4차 산업혁명의 본질은 이 책에서 필자들이 지속적으로 주장해온 것처럼 ICT 기술을 통한 기존 산업의 창조적 파괴이다. 그런데 그 파괴 때문에 각종 분쟁과 분열이 일어난다. 그 분쟁에 정보의 조작과 교란이 있을 경우 분쟁의 확대는 불가피하다. 따라서 정보를 교란시키지 않는 강력한 보안이 필수적이다. 4차 산업혁명 시대에 보안이 더욱 중요해질 수 밖에 없는 이유다.

2016년 방한한 이스라엘의 암호학자 아디 샤미르Adi Shamir 바이츠만연구소 교수는 연세대학교 강연 도중 조용히 동영상을 틀었다. 드론이 텔아비브에 위치한 연구소 인근 하늘을 날자 반경 1km 이내 모든 연구동 건물의 전등이 꺼졌다. 샤미르 교수는 "특별한 신호를 미리 심어두면 드론이 보내는 신호에 반응해 전구가 꺼지는 것이다. 최근 도입되고 있는 스마트 전구들을 비롯해 사물인터넷 기기들의 보안성은 이처럼 매우 취약하다"라고 했다. 그는 "최근 프랑스 파리에서 스마트 전구 도입을 서두르고 있는데, 미리 스파이웨어를 심어두면 이론적으로 1초 만에 셧다운을 시키는 것도 가능하다"라고 했다.

사물인터넷, 자율주행차, 인공지능이 본격 도입되는 4차 산업혁명 시대에 보안 문제가 본격 이슈로 떠오르고 있다. 최근 한국인터넷진흥원이 지적한 스마트홈 가스 밸브 컨트롤러의 보안 취약점도 그런 예다. 해커가 가스 밸브를 열고 스마트 전구로 점화시켜 누군가를 살해하는 영화 같은 이야기가 얼마든지 가능하다. 조범구 시스코코리아 대표는 "지금은 보안 체계 강화를 위한 마지막 골든타임이다. 이 기회를 놓치면 4차 산업혁명은 신기루에 그칠 가능성이 높다"라고 말했다.

2016년 하반기 경제 전문지 〈포브스_Forbes_〉의 조사에 따르면 2020년까지 확인이 가능한 기업의 사이버 공격 중 25%는 사물인터넷 관련 공격일 것으로 예상됐다. 한국인터넷진흥원에 따르면 국내 사물인터넷 취약점 신고 건수는 최근 3년 사이에 무려 90배나

해킹 위협에 대한 보안 문제가 4차 산업혁명 시대 핵심 이슈로 부상하고 있다.
2016년 열린 제9회 코드게이트 해킹방어대회에 참가한 해커들이
보안 관련 문제들을 풀고 있다. (사진 제공: 매경DB)

급증했다. 2013년 4건에 불과했던 취약점 신고는 2015년 130건에서 2016년 362건으로 크게 늘었다.

하지만 현재 기업들의 보안에 대한 대응은 기대에 많이 못 미치고 있는 것이 현실이다. 세계 최대 네트워크 기업 시스코가 최근 발표한 '2017 연례 사이버 보안 보고서'에 따르면 2016년에 해킹은 더욱 '기업화'한 것으로 나타났고, 보안 경고를 받은 기업 중 56%만 조사에 착수한 것으로 드러났다. 특히 발생한 문제가 해결되는 비중은 절반에 미치지 못하는 등 기업들의 보안에 대한 대응은 심각한 수준이다. 보안 침해를 당한 기업의 22%는 고객을 잃었고, 29%는 매출이 하락했다.

한국은 사이버 보안이 국가 안보와 직결되기 때문에 대책이 더욱 절실하다는 지적이다. 남북 대치라는 특수한 정치적 상황에서 북한의 사이버 공격을 빈번하게 받고 있는 데다, 대통령 선거와 2018년 평창 동계올림픽을 계기로 대규모 사이버 공격의 표적이 될 가능성이 높다. 시스코는 이와 관련해 기업이 지켜야 할 8가지 새로운 보안 접근법을 제시했다. 사물인터넷 시대에는 네트워크가 보안의 알파이자 오메가이므로 관련 이상 징후를 실시간으로 파악·대응하는 솔루션이 필요하다.

또 대문만 지키겠다는 마인드에서 벗어나 해킹 공격을 이미 받은 상태에서도 적절하게 대응할 수 있는 '위협 중심 보안' 정책을 미리 마련해 둬야 한다. 활용도가 커지고 있는 퍼블릭 클라우드 같은 환경에서 이뤄지는 보안 공격도 대응할 수 있어야 한다. 위협 감지 시간을

▌4차 산업혁명 보안 대응법

1	실시간 네트워크 대응 체제
2	해킹 공격 후 대응 플랜 확보
3	공공 클라우드 보안 공격 대응
4	위협 탐지 시간 단축
5	보안 인력 · 기술 · 프로세스 조합
6	노후화 인프라 업그레이드
7	직원 대상 정기적 보안 교육
8	범국가적 보안 인재 · 기업 양성

자료: 시스코

단축함으로써 공격자들의 활동 공간을 제약하고 침입 피해를 최소화할 수 있어야 한다. 보안 관련 인력과 기술, 프로세스의 조합을 잘 구성해 시시각각 수집된 정보를 종합적으로 분석할 역량도 갖춰야 한다. 특히 노후한 보안 인프라에 대한 업그레이드가 필수적이다.

직원을 대상으로 정기적 보안 교육도 진행해야 한다. 직원 한 사람이 실수로 악성코드를 연다면 회사 전체의 정보가 엉망이 되는 스파이웨어 해킹이 일어날 수 있다. 국가적으로도 보안 인재, 전문 기업을 양성하기 위한 노력이 필요하다. 조 대표는 "앞으로 2년 후면 전 세계적으로 보안 전문가가 약 200만 명 부족할 것이다. 하루빨리 전문 인력과 조직을 육성하기 위한 중장기 계획을 수립해야 한다"라고 강조했다.

세계 최대
보안 대회 RSA 2017의
시큐리티 트렌드

이미 선진국들은 4차 산업혁명 시대에 보안의 중요성을 깨닫고 이 분야의 기술 개발과 투자를 서두르고 있다. 미국 샌프란시스코 모스콘 센터에서 열린 'RSA 2017'에서 이를 확인할 수 있었다.

2017년 2월 14일 미국 샌프란시스코 모스콘센터에서 열린 'RSA 2017'에서 줄피카 람잔Zulfikar Ramzan RSA CTO는 기조 연설에서 "신뢰 없는 기술 발전은 무용지물이다. 인공지능, 자율주행차, 사물인터넷 등 기술 혁명은 안전하다고 느낄 때 발전할 수 있다"라고 보안의 중요성을 역설했다. RSA 2017은 세계에서 가장 크게 열리는 보안 컨퍼런스·전시회로, 2017년에는 4만 3,000명의 참관객과 550

개 글로벌 보안 업체가 참가하여 사상 최대 규모로 열렸다. 해가 갈수록 보안업체 RSA의 위상이 높아지고 있는데, 이는 전 세계적으로 사이버 보안 산업의 중요성이 그만큼 커지고 있다는 방증이다.

사이버 범죄로 인한 경제적 피해는 오는 2020년까지 3조 달러(약 3,400조 원)에 이를 전망이다. 중요한 정보를 빼내 금전적 이익을 취하거나 상대방에게 심각한 피해를 주는 해킹 기술도 나날이 발전하고 있어 방어가 쉽지 않다. 특히 해킹, 사이버 공격 등은 보통 때는 전혀 위험을 느끼지 못하다가, 공격을 받아 해당 사이트가 마비되거나 주요 정보가 유출되면 그때서야 뒤늦게 대비하는 경향이 있다. RSA 2017에서 본 '5대 사이버 보안 트렌드'를 통해 어떻게 4차 산업혁명을 안전하고 신뢰 있게 만들어 나갈 것인가를 알아본다.

2017년 랜섬웨어 주의보

2016년까지 APTAdvanced Persistent Threat(지능적 지속 위협)가 극성을 부렸다면, 2017년에는 랜섬웨어Ransomware가 핵심 해킹 트렌드가 될 것으로 전망됐다. 랜섬웨어란 '몸값'을 뜻하는 영어 단어 'Ransom'과 컴퓨터 소프트웨어를 뜻하는 'ware'의 합성어다. 랜섬웨어에 감염되면 PC에 저장된 파일을 암호화해 사용자가 읽을 수 없게 만들고 암호화를 풀어주는 대가로 금전을 요구한다.

인터넷에 연결된 CCTV를 통해 악성코드를 감염시켜 결국 전체

도시까지 마비시키는 네트워크인 '미라이 봇넷Mirai Botnet'은 사물인터넷 기기가 해킹 도구가 될 수 있다는 것을 증명한 위협이다. 미라이 봇넷은 2016년 10월 미국 동부 지역 인터넷 마비 사태를 일으킨 디도스DDoS 공격의 근원으로 지목되면서 주목받기 시작했다. 사물인터넷 기기가 보안에 취약할 수밖에 없다는 점을 노린 것이다. 미래에는 도시 기반 시설을 위협하는 무기로 사물인터넷 기기 해킹이 활용될 것으로 보인다. RSA 2017에서는 PC와 모바일의 중요한 파일을 암호화해 돈을 벌던 해커들이 사물인터넷 기기를 노리기 시작했으며 자율주행차, 커넥티드카 등 4차 산업혁명 대표 기기들이 언제든 '흉기'로 돌변할 수 있을 가능성이 있다는 경고가 집중 제기됐다.

조작된 데이터의 위협

빅데이터는 2000년대 비즈니스의 최대 화두 중 하나다. 그러나 쌓아놓기만 한 데이터는 아무 짝에도 쓸모가 없다. 문제는 이게 해킹의 표적이 된다는 점이다. 이렇게 해킹된 데이터가 조작돼 새로운 '위협 데이터'로 만들어지고, 이것이 표적을 다시 공격하는 일이 벌어질 것이란 예측이다.

크리스 영Chris Young 인텔 시큐리티 총책임자는 RSA 2017 기조연설에서 "해커들은 데이터 해킹을 넘어 의사 결정에 영향을 미치

크리스 영 인텔 시큐리티 총책임자가 RSA 2017 기조연설에서
새로운 보안 위협에 대해 발표하고 있다. (사진 제공: 매경DB)

는 데이터를 조작하는 수준에 이르렀다. 해커들은 이 같은 '데이터
지뢰'를 통해 나쁜 의사결정을 하도록 조작해 비즈니스 기회를 놓
치게 하고 경제적 손실을 초래할 수 있다"라고 경고했다. 부정확하
고 잘못된 데이터는 의사결정에 큰 혼란을 일으킬 수밖에 없다. 영
책임자는 "앞으로 작은 데이터에도 주의를 기울여야 한다. 그렇지
않으면 이는 무기로 바뀔 수 있다"라고 강조했다.

보안 사고는 결국 돈 문제

해킹으로 인한 정보 유출 등 기업들의 보안 사고는 기술 부족으
로 발생한다는 것이 일반적이었다. 해커들의 실력이 기업의 보안 수

준보다 높아서 뚫렸다는 게 통념이었다. 그래서 기업들은 수백 개에 달하는 보안 회사 솔루션을 구입·설치해 대비한다.

하지만 람잔 RSA CTO는 "보안 문제는 기술보다 비즈니스와 관계된 문제에서 발생한다"라고 말해 큰 공감을 얻었다. 그의 말은 기업들이 보안 솔루션을 설치하고 관리하는 데 어려움을 겪고 있음에도, 보안 예산과 인력은 늘지 않아 어려움을 겪고 있는 현실을 반영했다. 반면 사이버 위협은 갈수록 높아지기 때문에, 장애 수준을 넘어 비즈니스 모델을 파괴할 수 있는 리스크가 되고 있다. 보안을 기술의 시각보다 비즈니스 시각에서 접근해야 문제를 해결할 수 있다고 그는 강조했다. 또한 "기술 중심 사고에서 비즈니스 중심의 보안 설계를 해야 더 효율적이고 빠른 결정을 할 수가 있다"라고 조언했다.

인공지능으로 해킹 방어

보안 분야도 인공지능의 영향을 피해갈 수 없다. 해킹의 위협을 예측하고 스스로 대응하도록 하는 '인공지능 보안'은 확실한 미래 트렌드로 떠올랐다. 사이버 위협 정보가 갈수록 고도화되고 방대한 자료가 만들어지고 있기 때문이다. 인공지능 소프트웨어가 위협 정보를 수집·분석할 뿐만 아니라 기업이나 조직에서 발생하는 돌발 보안 사고도 파악할 수 있게 된다.

실제 RSA 2017에서는 IBM이 인공지능 보안기술 '왓슨 포 사이버 시큐리티'를 발표해 화제가 됐다. 마이크로소프트도 인공지능을 활용해 사용자와 기기의 의심스러운 동작을 분석하고 감지하는 솔루션을 공개했다. RSA 창시자 중 한 명인 아디 샤미르 교수는 "인공지능은 특이사항을 찾아내고 경고하는 대응 측면에서는 큰 효과를 발휘할 것이다"라고 설명했다.

사이버 전쟁 방지 협약

RSA 2017의 최대 화두는 브레드 스미스Brad Smith MS 최고법률책임자CLO가 제안한 '디지털 제네바 협약'이었다. 기술 기업, 중요 기반 시설은 공격하지 않고, 민간 기업들도 보안 사고에 맞서 서로의 기술을 공유하고 개방하며 돕는다는 내용이 포함돼 있다. 러시아, 중국, 북한 등은 정부가 해커를 막기는커녕 상대 국가에 대한 공격을 조장하는 상황이다. 이런 국가 차원 공격에는 일개 민간 기업 하나, 단일 국가 차원의 대응이 갈수록 힘들어진다. 뭉쳐서 같이 막아내야 한다는 개념이다.

스미스 CLO는 "이제 보안 침해 사고는 단순히 금전의 이익을 취하는 것을 넘어 국가와 민주주의에 영향을 끼치고 있다. 각국 정부는 시민이 안심하고 인터넷을 이용하도록 국제 규약을 만들어야 한다"라고 제안해 박수를 받았다. 그는 "2차 세계대전 때 제네바 협정은 시민과 포로를 보호하고 피해를 줄였다. 사이버 보안에서도 해커로부터 비즈니스를 보호받고 국가 데이터를 안전하게 지키려면 국제 협정이 필요하다"라고 주장했다. 마이클 맥콜Michael McCall 미국 국토안보위원회 위원장도 "사이버 보안은 팀 스포츠이며 강한 공격과 방어가 절실하다. 많은 기업이 위협 정보를 공유하며 함께 힘을 모아야 한다"라고 말했다.

혁신 소프트웨어 기업 중 하나인 마이크로소프트가 어떤 연구 개발을 진행하고 있는지를 살펴보는 것은 4차 산업혁명의 미래를 예측할 수 있는 좋은 기회다. 매년 마이크로소프트는 총 매출액의 13~14%에 달하는 금액을 연구 개발에 투자하고 있다. 아래 기술들은 마이크로소프트가 2017년 현재 개발했거나 실험 단계에 있는 것들이다. 동영상의 음성을 텍스트로 옮기는 기술은 스크립터, 신문기자 등의 직업을 대체할 것으로 예상된다. 외국인의 말을 실시간으로 번역해주는 기술은 동시통역사라는 직업이 앞으로 살아남을 수 있을 것인가를 의심하게 한다.

1. 홀로포테이션Holoportation : 실제 사물을 3D 형식으로 캡처한 다음 언제 어디서나 재현된 고품질의 3D 형식으로 전송, 재현해 낼 수 있는 기술이다.
2. 스카이프 트랜슬레이터Skype Translator : 영상 통화 프로그램인 스카이프를 이용하면서 8가지 언어로 자동 음성 번역이 이뤄지는 번역기이다. 50가지 이상의 언어로 메시지 또한 보낼 수 있다고 한다. 언어의 장벽을 허물 것으로 기대된다.
3. HIV 백신 디자인HIV Vaccine Design : 머신러닝을 활용해 에이즈 백신을 만드는 시도로, HIV 바이러스의 돌연변이종을 분석해 이를 공격하는 기술이다.
4. 프리모니션 프로젝트Project Premonition : 환경 조사를 위해 모기를 채집해 병원균 샘플로 활용하기 위한 프로젝트이다. 모기를 수집한 다음 그 속에 있는 병원균을 분석해 지카, 에볼라, 치쿤구니야, 메르스와 같은 전염병의 위험을 사전

에 판단하고 예방할 수 있다.

5. DNA 스토리지DNA Storage : 분자 수준으로 데이터를 저장하기 위해 DNA를 합성, 조작 및 배열하는 기술이다. 저장 도구로서 DNA는 1㎣당 최대 1EB(10^{18} 바이트)의 저장이 가능한 밀도를 갖고 있으며, 지속력이 강하지만 조작이 쉽다는 단점이 있다.

6. 비접촉식 의료 영상 인터렉션Touchless Interaction in Medical Imaging : 카메라 기반의 동작 인식 기술이다. 살균되지 않은 오염 물체에 직접적인 접촉 없이 의료 영상을 촬영하는 기술이다. 따라서 카메라에 혹시 모를 오염이 발생하지 않고 운영상의 비효율성을 낮춰준다.

7. 핸즈프리 키보드Hands-Free Keyboard : 말을 할 수 없거나, 키보드를 사용할 수 없는 상황에 놓은 사람들이 오직 사람의 눈을 통해 메시지를 전달할 수 있도록 돕는 키보드이다.

8. 라이트웨어Lightware : 스스로 빛을 내는 물질로 만들어진 안경과 스카프 같은 의류 아이템이다. 우리나라는 흔치 않지만 늦가을이나 겨울에 해가 빨리 지는 북유럽이나 북극 지방에서는 계절성 우울증을 겪는 사람들이 많다. 이 경우 안경이나 스카프에서 빛이 난다면 우울증 치료에 도움이 된다는 연구 결과가 있다. 라이트웨어는 그들을 위해 만들어진 신기술이다.

9. 서킷 스티커Circuit Stickers : 일반 사진 인화지에 전기 전도성 기록을 남기는 잉크젯 프린터로, 빠르게 전자 회로를 본뜰 수 있다. 일종의 전자 회로를 위한 3D 프린팅 기술이라고 볼 수 있다.

10. 트루스킬 랭킹 시스템TrueSkill Ranking System : 마이크로소프트의 온라인 게

임 시스템인 엑스박스 라이브를 위해 고안된 시스템이다. 게이머들의 스킬을 점수화해서 순위를 매겨 전 세계 게이머들의 랭킹을 파악할 수 있다. 게이머의 스킬을 파악하는데 필요한 게임 수를 최소화하고 매치메이킹을 최적화하는 것이 핵심 기술이다.

11. 격자 기반 암호화Lattice-based Cryptography : 격자 기반 기술을 도입해 암호를 만드는 기술로, 퀀텀 사이버 공격으로부터 암호를 보호하는 보안 기술이다.

12. 팜비츠FarmBeats : 센서와 클라우드 기술로 데이터 중심의 농업을 가능하게 만드는 농업용 사물인터넷 기술이다. 농부의 지식이나 직관과 결합한 접근법으로 농장 효율성을 높이고 투자 수익을 증가시킬 수 있다고 마이크로소프트는 설명한다.

13. 99닷츠99DOTS : 인도와 미얀마의 결핵 환자들을 위해 개발됐다. 환자가 약을 투여했는지 여부를 병원 측에서 확인할 수 있도록 하는 기술이다. 환자가 약을 복용했을 때만 의료 기관의 무료 상담 전화번호가 약 봉투 뒷면에 자동으로 표시된다.

14. 문맹자를 위한 UIUIs for Low-Literacy Users : 글을 읽지 못하는 사용자들을 위해 음성, 영상, 그래픽을 결합한 스마트폰 애플리케이션의 디자인 원칙이다. 문맹률이 높은 국가에서 일반인들이 구직을 하거나, 의료 및 건강 정보를 습득할 때, 그리고 번 돈을 모바일로 송금하거나 저축하는데 글자를 몰라도 가능하도록 돕는 디자인들을 말한다.

15. 마이크로소프트 코그니티브 서비스Microsoft Cognitive Services : 개발자들이 응용 프로그램에 머신러닝 API로 인텔리전트 기능을 추가하는 서비스로 시

각, 음성, 얼굴 인식, 언어 이해 등의 기능이 포함돼있다.

16. 어반 에어Urban Air : 빅데이터로 실시간으로 도시 전역의 미세한 공기 상태를 추정하고 미래의 대기 환경을 예측하는 기술이다. 차량 배기 가스 등 공기 오염의 원인을 찾아내고 해결 방법을 제공한다.

17. 시티 노이즈City Noise : 사람이 많이 모인 곳에 대한 정보와 기타 데이터를 분석해 도시 전체의 미세한 소음 상황을 나타낼 수 있다. 불만 접수와 관련된 데이터와 도로 네트워크 데이터, 관심 분야 및 소셜 미디어 내용을 포괄적으로 분석해 소음 공해를 진단할 수 있다.

18. 딥시DiPsy : 자연스러운 대화를 통해 사용자의 정신적 상태를 분석하고 진단하며 처방하는 디지털 심리학 챗봇이다.

19. 음식 인식Food Recognition : 딥러닝 기술을 활용해서 마이크로소프트의 검색 엔진 빙Bing과 챗봇 샤오이스Xiaoice가 수천 가지의 아시아 및 서양 요리를 자동적으로 인식하도록 하는 기술이다. 칼로리를 계산하고 영양 분석을 할 수 있는 연구가 현재 진행 중이다.

20. 꽃 인식Microsoft Flower Recognition : 핸드폰으로 꽃을 찍으면 어플리케이션에서 꽃의 종류를 빠르고 정확하게 식별해내는 기능이다. 꽃에 대한 자세한 정보를 함께 제공된다.

21. 중국 문화 시리즈Chinese Culture Series : 머신러닝과 인공지능을 기반으로 중국어 및 중국 문화를 배울 수 있는 어플리케이션이다. 중국 2행시, 문자 수수께끼, 시 작성 시스템 등으로 이루어져 젊은 세대가 중국의 문화유산을 계승할 수 있도록 돕는다.

22. 마이크로소프트 컨셉 그래프Microsoft Concept Graph : 수십억 개의 인터넷 사이트와 수년간의 검색 로그를 이용해 세계 최대의 컨셉 그래프를 만들어 기계가 사람 간의 커뮤니케이션을 이해하도록 하는 기술이다.

23. 스케치투태그Sketch2Tag : 아이들이 무언가를 스케치하면 그 그림이 어떤 사물을 그렸는지 파악하는 스케치 인식 기능이다.

24. 영상-언어 변환기Video to Language : 영상에 등장하는 내용을 자연스러운 문장으로 표현해주는 기술이다. RNNRecurrent Neural Networks 기술을 사용했다고 알려지고 있다.

25. 마이크로소프트 픽스Microsoft Pix : 자동으로 사진을 보정해주는 지능형 카메라 어플리케이션이다. 사용자들이 보정 전후의 사진을 비교하는 것도 가능하다.

스마트 도시가
이끄는 4차 산업혁명,
대덕R&D특구를 가다

　　기업이 아닌 국가적 전략으로 4차 산업혁명을 선도하기 위해서는 도시 단위의 혁신이 필요하다. 안타깝게도 한국에서의 4차 산업도시 전략은 아직 태동 단계다. 그러나 국내에서 연구 인프라를 바탕으로 '4차 산업혁명 선도 도시'로 발돋움하고 있는 대표적 도시인 대전광역시는 혁신을 태동시킬 수 있는 에너지를 갖고 있는 것으로 평가된다.

　　대전시의 핵심 동력은 '대덕R&D특구'이다. 대한민국 과학기술 1번지로 불리는 대덕R&D특구는 '대덕연구단지'의 바뀐 이름이다. 정부가 1973년 11월 30일 충남 대덕군 일대를 대덕연구학원도시로 지정하면서 출범했다.

당시 박정희 전 대통령은 '과학기술의 발전이 경제성장의 원동력'이라는 목표로 중화학공업 발전에 따라 급증하는 기술 수요를 뒷받침하기 위해 서울에 산재한 국·공립연구기관을 이전해 집결시키기로 결정했다. 단지 조성으로 시너지 효과를 유도해 연구 기능을 극대화하자는 취지였다.

대덕특구는 1978년 한국표준과학연구원이 제1호 정부 출연 연구 기관으로 들어서면서 연구 단지로서 본격적인 모습을 갖추기 시작했다. 이후 연구 기반 확충기(1978~1992년), 혁신 창출기(1993~1998년), 혁신 클러스터 형성기 및 도약기(1999~2009년)를 거쳐 대한민국 기술의 허브로 진화해왔다. 2010년부터 현재까지는 '글로벌 사업화

대전시 대덕R&D특구 전경 (사진 제공: 매경DB)

를 선도하는 세계 초일류 혁신 클러스터'라는 기치로 세계적 혁신 기술 개발을 이끌고 있다.

특히 정부가 2005년 7월 '대덕R&D특구 등의 육성에 관한 특별법'을 공포하면서 대덕연구단지라는 명칭을 대덕R&D특구로 변경하고, 일대 67.8㎢를 특구로 지정해 개발이 더욱 가속화됐다. 대덕특구 관계자는 "특별법에 따라 R&D특구진흥재단이 출범한 뒤 산·학·연의 우수한 연구성과를 사업화하는 가교 역할을 담당해왔다"라고 설명했다.

R&D특구진흥재단에 따르면 특구 지정 당시인 2005년 입주 기관은 742곳이었다. 현재 1,516개의 기업과 정부 출연 연구소 26곳을 포함 총 1,608곳이 입주해 있다. 대전시 관계자는 "전국 5대 특구와 비교했을 때 더욱 두드러지는 성장세이다. 정부 출연 연구소, 입주 기업, 매출 및 고용, R&D비, 국내외 특허 등 모든 면에서 탁월한 성과를 거두고 있다"라고 말했다.

대덕특구는 국제 과학 비즈니스 벨트의 거점 지구로도 선정됐다. 이 벨트는 세계적 수준의 기초 연구 환경을 구축하고, 연구와 비즈니스가 융합될 수 있는 기반을 마련해 국가 경쟁력을 강화한다는 취지로 기획됐다. 특구 관계자는 "대전이 대한민국 4차 산업혁명의 핵심 기지로 발돋움하기 위해 노력한 성과이다"라고 말했다.

국제 과학 비즈니스 벨트 사업은 2016년 6월 본원 기공을 시작으로 본궤도에 올랐다. 미래창조과학부와 기초과학연구원은 이번 기공식을 계기로 2017년 11월까지 연구동과 행정시설 등으로 구성된 본원 1단계 건립을 마친다. 이후 현 전민동 본원에서 단계적 이전을 진행해 2018년부터 도룡동 시대를 열 예정이다. 기초과학연구원 본원 건립은 대지 약 26만㎡, 연면적 약 11만 3,000㎡ 규모로 1~2단계에 걸쳐 진행되며 오는 2021년 최종 완공될 예정이다.

홍남기 미래부 1차관은 "기초과학연구원 본원 건립을 차질 없이 추진해 기초과학 분야 세계 10대 연구기관으로 도약해나감은 물론, 향후 100년 이상 우리나라의 성장 원동력으로 앞장서 나갈 수 있도록 지원하겠다"라고 강조했다. 미래부는 이를 포함해서 다양한 지원을 통해 대덕특구의 연매출을 100조 원 규모로 성장시킨다는 목표다. 2016년 초 '제3차 R&D특구 육성종합계획안'을 채택하고 5년간 연 12조 원의 예산을 투입하기로 결정했다.

하지만 대전시가 가야 할 길은 아직 멀다. 차두원 KISTEP 연구위원은 "대전시는 그동안 국가 정책을 따라가는 추격자인 패스트 팔로워 역할을 수행했으나, 앞으로는 지역의 우수한 인적·물적 인프라 역량을 끌어들인 선구자인 퍼스트 무버 전략으로 전환해야 한다"라고 강조했다. 그는 "대전은 정부 출연 연구소를 비롯해 4차 산업혁명을 이끌어갈 수 있는 여건을 갖추고 있다. 어느 도시보다 4차 산업혁명의 원천이 될 수 있는 잠재력을 갖추고 있다"라고 말했다. 그는 "인프라를 갖춘 대도시인만큼 4차 산업 전반을 고르게 지원할 수 있어야 한다. 어느 한 분야로 쏠려서는 안될 것이다"라고 덧붙였다.

서중해 한국개발연구원KDI 박사는 대덕특구를 중심으로 최적의 역량과 인프라를 효율적으로 활용할 것을 강조했다. 서 박사는 "대전은 과학 도시로서 지식 기반 집적화가 매우 잘 갖춰져 있는 지역이지만, 그동안 대전시가 제대로 활용하지 못했다"라고 지적한 뒤 "국내와 해외 기업 유치를 위해 카이스트와 같은 지역 자원 인프라를 전략적으로 활용해야 한다"라고 말했다.

에필로그

혁신의 생태계를 조성하라

4차 산업혁명이란 단어가 처음 등장했을 때 많은 사람들이 '실체가 없는 단어', '그저 구호 내지는 마케팅 용어에 불과한 수사'라는 비판을 제기했다. 거창하게 '혁명'이라는 말을 달았지만 아직 사람들의 삶을 뿌리째 바꿔버릴 변화는 현실로 다가오지 않았기 때문이다. 게다가 4차 산업혁명이라는 무대에 등장하는 주인공들이라 할수 있는 인공지능, 드론, 사물인터넷 등의 기술들은 '4차 산업혁명'이라는 용어가 등장하기 전부터 이미 활발하게 연구되고 있었다. 그래서 이현순 두산그룹 부회장은 "4차 산업혁명이라는 말은 사람들의 눈을 현혹시키고 그 안에 뭔가 거대한 변화가 있는 것처럼 부풀려서 결국 자신들의 의도 속으로 다수의 사람들을 몰아넣는다"라고 비판한다.

이는 부르주아들이 먹고 입고 활용하는 문화를 우월한 것으로 포장해 프롤레타리아 계급을 억압하는 기제로 사용한다는 피에르

부르디외의 '상징 권력Symbolic Power'의 논리를 연상시킨다. 4차 산업 혁명이라는 상징 권력이 사람들을 불안하게 만들고 구글, 아마존과 같은 거대 기업들과 협력하지 않으면 살아남을 수 없다는 인식을 심어준다는 것이다. 흥미로운 것은 그런 기술적 우위가 없는 유럽, 아시아에서 4차 산업혁명이라는 단어를 더 많이 사용한다는 점이다. 실제로 미국 실리콘밸리 현지에서는 4차 산업혁명이라는 단어가 한국만큼 일상적이지 않다.

이는 기술이 가져올 변화에 대해 기술이 없는 국가와 계층들의 두려움을 상징적으로 보여주는 장면이다. 그들은 4차 산업혁명이라는 거대한 흐름이 분명히 올 것이라고 확신하고 있다(이 책의 1부에서는 4차 산업혁명이 왜 자기 실현적인 예언이 될 수밖에 없는지를 서술했다). 그래서 아무 것도 가지지 못한 스스로의 현실을 두려워하고 있는 것이다. 오늘날 4차 산업혁명 시대에 개인들이 직업의 미래를 불안해하는 것도 같은 심리적 현상이라고 할 수 있다.

하지만 두려워만 할 필요는 없다. 개인, 기업, 도시, 국가 등 개별 주체들이 올바른 방향을 잡고 대비한다면 기회는 존재한다. 개인들은 문제 해결 능력을 위주로 기존 교육을 융합해나가야 한다. 교육의 늦고 빠름이나 조직 내에서의 계급이 중요하다기보다 개인이 해결할 수 있는 능력의 경중에 따라 그 사람의 가치가 결정될 것이다. 기업들은 이 책의 4부에 나온 엔비디아의 사례처럼 선제적 준비를 해나가야 한다. 비록 4차 산업혁명에서 비즈니스모델이 보이지 않더라도 꾸준한 준비와 투자를 통해 산업의 법칙 자체를 바꾸려는 노력들을 경주해야 한다. 도시는 연구 개발의 성과물을 산업과 학계로 연결시키는 플랫폼으로서 유기적 연결에 초점을 맞춰야 한다. 국가는 신뢰라는 자본을 쌓는 데 가장 역점을 둬야 한다. 대만의 사례처럼 국민들의 민의를 반영할 수 있는 효과적 시스템을 갖춰 사회적 주체들이 예측 가능하고 혼란스럽지 않은 정책들을 내놓아야 한다.

필자들은 이 모든 개별 주체들의 노력을 가능하게 하는 마인드 전환은 '컨트롤타워'로 이뤄질 수 없다고 본다. 컨트롤타워의 본질은 이해관계의 조정이다. 또한 개별 주체에게 요구되는 부분을 컨트롤타워 위의 지휘자가 '채워 넣어라'라고 명령하는 구조다. 그런데 지금은 이해관계의 조정이나 개별 주체의 부족한 부분을 보충해야 할 때가 아니다. 개별 주체들도 아직 뭘 해야 할지 모르는 상황이기 때문이다. 그렇다고 컨트롤타워 위에 올라올 누군가도 4차 산업혁명 시대 미래의 방향을 잘 안다고 장담하기 어렵다.

이런 상황에서는 뛰어난 아이디어를 중심으로 연구·개발, 산업화, 금융 등 각종 지원 생태계가 조성되는 상향식 혁신 구조가 마련되는 것이 무엇보다 중요하다. 공산주의식 계획경제가 아니라 시장경제가 우월했던 것처럼 말이다. 필자들이 주장하는 '스프링클러 이코노미'는 계획경제와도 같은 '컨트롤타워 이코노미'에 대립되는 개념이다. 국가가 시장을 지배하려 하지 않고 시장이 제 기능을 할 수 있도록 안보와 신뢰를 보장해주는 것처럼, 4차 산업혁명을 잘 진행할 수 있는 국가의 조건도 혁신 생태계가 잘 작동할 수 있도록 도와주고 보호하며 신뢰라는 자본을 공급해주는 것이라 필자들은 믿는다.

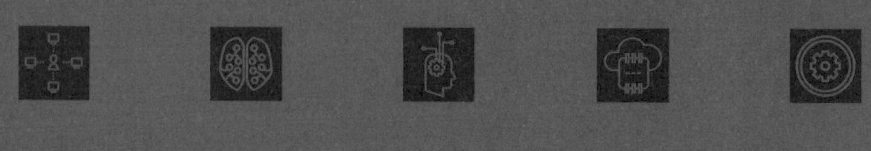

부록

'미래 유망 직업 vs 사라질 직업' 순위표

매일경제신문과 제휴를 맺은 영국 옥스퍼드대학교 마틴스쿨은 2015년 현재의 직업들이 4차 산업혁명으로 인한 인공지능 기술에 의해 얼마나 대체되기 쉬울 것인지를 조사해서 발표했다.

여기서는 인간이 작업 환경에서 기계에 비해 가질 수 있는 장점을 사회지각력social perceptiveness, 협상력negotiation, 설득력persuasion, 관계성assisting and caring for others, 독창성originality, 예술성fine arts, 손가락 기교finger dexterity, 손재주manual dexterity, 작업 환경의 열악성the need to work in a cramped work space 등 9가지로 분류했다. 이런 기술들을 많이 요구하는 직업일수록 기계가 대체하기 어려울 것이라는 가정이었다.

이를 기초로 연구진은 미국 직업별 데이터베이스를 분류하여 해당 기술이 각 직업별로 얼마나 필요한지를 가려내었고, 이를 바탕으로 직업의 대체 확률을 계산했다.

순위	직종	인공지능 대체 확률(%)
1	임상심리사 및 기타 치료사	0.28
2	공업 기계 설치 및 정비원	0.3
3	비상경영관리자	0.3
4	정신 건강 상담치료사	0.31
5	음향치료사	0.33
6	작업치료사	0.35
7	발 교정기 및 보철 인공기관 치료사	0.35

8	사회복지사	0.35
9	치아 및 양악 관절 전문의사	0.36
10	소방 및 방재업무 관리자	0.36
11	다이어트 및 영양 관리사	0.39
12	임업 및 벌목업자	0.39
13	안무가	0.4
14	외과의사	0.42
15	심리치료사	0.43
16	경찰 및 치안 담당 관리자	0.44
17	일반 치과의	0.44
18	초등학교 교사(특수학교 제외)	0.44
19	의료과학자(임상학자 제외)	0.45
20	초 · 중등학교 교직원	0.46
21	수족 전문의	0.46
22	교내심리상담사	0.47
23	심리상담사	0.48
24	의복 및 직물 패턴 디자이너	0.49
25	전시기획자	0.55
26	인사관리 담당자	0.55
27	스포츠 및 레크리에이션 강사	0.61
28	훈련 및 강화 훈련교관	0.63
29	언어 병리학자	0.64
30	컴퓨터 시스템 분석 전문가	0.65
31	큐레이터	0.68
32	운동선수 트레이너	0.71
33	육체 및 심리건강 서비스 매니저	0.73
34	유치원 교사(특수학교 제외)	0.74
35	농장 경영 자문	0.75
36	인류학자 및 고고학자	0.77

37	중등 특수학교 교사	0.77
38	중등학교 교사(특수학교 제외)	0.78
39	성직자	0.81
40	수목관리원	0.81
41	직업상담사	0.85
42	중등학교 교내 직업상담사	0.88
43	의무원	0.9
44	정신상담사	0.94
45	법의학 전문가	0.95
46	메이크업 아티스트, 미용사	1
47	수중 구조물 엔지니어	1
48	중등학교 이상 교직원	1
49	기계 엔지니어	1.1
50	약사	1.2
51	물류관리자	1.2
52	미생물학자	1.2
53	코치 및 스카우터	1.3
54	판매 관리자	1.3
55	수리학자, 수문학자	1.4
56	마케팅 매니저	1.4
57	혼인 및 가정 상담사	1.4
58	기타 엔지니어	1.4
59	트레이너	1.4
60	공공기관 일선 관리자	1.4
61	생물학자	1.5
62	공공 자금모집 담당 매니저	1.5
63	멀티미디어 아티스트	1.5
64	컴퓨터 하드웨어 기술자	1.5
65	(중 · 소 · 대기업)최고경영자	1.5

66	유치원 원장	1.5
67	음악 작곡가	1.5
68	생산 시설 일선 관리자	1.6
69	주식, 원자재, 금융상품 판매 대리인	1.6
70	중학교 특수교사	1.6
71	화학 엔지니어	1.7
72	우주선 엔지니어	1.7
73	환경 엔지니어	1.8
74	건축가(토목 및 해운 제외)	1.8
75	보조 물리치료사	1.8
76	토목기사	1.9
77	토양식물학자	2.1
78	재료과학자	2.1
79	재료공학자	2.1
80	패션 디자이너	2.1
81	물리치료사	2.1
82	사진사	2.1
83	프로듀서 및 디렉터	2.2
84	인테리어 디자이너	2.2
85	치과 교정 전문의	2.3
86	아트 디렉터	2.3
87	종교 활동 매니저	2.5
88	전자공학자(컴퓨터공학 제외)	2.5
89	생화학 및 생물리학자	2.7
90	척추지압사	2.7
91	보건 안전 공학자(광산업 제외)	2.8
92	산업공학자	2.9
93	교통 및 운송수단 일선 관리자	2.9
94	네트워크 및 컴퓨터 시스템 관리자	3

95	데이터베이스 관리자	3
96	구매 담당자	3
97	환경과학자	3.3
98	변호사	3.5
99	조각가	3.5
100	리서치 애널리스트	3.5
101	컴퓨터 정보 시스템 관리자	3.5
102	상업 및 산업 디자이너	3.7
103	생물의학 엔지니어	3.7
104	컨벤션 및 이벤트 기획자	3.7
105	수의사	3.8
106	작가	3.8
107	광고 및 행사 담당자	3.9
108	정치과학자	3.9
109	신용등급 상담사	4
110	사회과학자	4
111	천문학자	4.1
112	선박 엔지니어	4.1
113	소프트웨어 개발자	4.2
114	화가 및 일러스트레이터	4.2
115	정신의학 기술자	4.3
116	조경건축가	4.5
117	건강교육사	4.5
118	수학자	4.7
119	플로리스트	4.7
120	농부	4.7
121	산불 관리 및 예방 전문가	4.8
122	응급의사	4.9
123	편집담당자	5.5

124	보철 전문가	5.5
125	헬스케어 기술자	5.5
126	여행안내원	5.7
127	공인의료조무사	5.8
128	사회학자	5.9
129	명상가	6
130	동물과학자	6.1
131	주택자문사	6.4
132	항공화물관리자	6.6
133	호흡치료사	6.6
134	금융회사 매니저	6.9
135	핵 공학자	7
136	가수	7.4
137	비소매업 현장 관리자	7.5
138	개인서비스 산업 현장 관리자	7.6
139	음식 과학자 및 기술자	7.7
140	사내 법률 담당사	8
141	수렵감시관	8
142	그래픽 디자이너	8.2
143	음식 서비스 매니저	8.3
144	아동관리사	8.4
145	피트니스 트레이너, 건강관리사, 개인 헬스 코치	8.5
146	카지노 관리인	9.1
147	전기 배선 및 수리사	9.7
148	순찰관	9.8
149	여행 대리인	9.9
150	쉐프	10
151	동물 조련사	10
152	TV 및 라디오 아나운서	10

501	웨이터	94
502	부채 분석사	94
503	시멘트 석공	94
504	자전거 수리공	94
505	놀이공원 자판기 정비사	94
506	용접공, 납땜 종사자	94
507	택배원	94
508	면접관(대출 제외)	94
509	토사 굴착기 기사	94
510	도장공 비서, 도배사, 미장공	94
511	호텔 안내 데스크 종사자	94
512	타이어 제작공	94
513	방문 판매원, 신문 판매상	94
514	잡역부 및 가정부 현장 감독관	94
515	농산물 검사관	95
516	법무사 비서	95
517	네일 아티스트	95
518	계량사, 기록 보존사	95
519	섬유 절단기 기사	95
520	영수증 수집원	95
521	원자로 운영 직원	95
522	카지노 경비	95
523	도서관 직원	95
524	운전 요원	95
525	동물 사육사	95
526	주조 기계 기사	95
527	전기 가설 조립공	95
528	접착기 기술자	95
529	조경 및 운동장 관리인	95

도와주신 분들

P. J. 건사가	키드앱티브 대표
강지연	산업경제연구원 연구원
공경철	서강대 교수
권오경	한국공학한림원 회장
권용현	미래창조과학부 지능정보사회추진단 기획총괄팀 팀장
김도연	포스텍 총장
김범준	도쿄대학교 생산기술연구소 교수
김상철	한글과컴퓨터 회장
김상훈	산업연구원 박사
김석중	툴젠 연구소장
김세움	한국노동연구원 박사
김순동	돌바람 팀장
김우승	한양대 교수
김윤정	한국과학기술기획평가원KISTEP 부연구위원
김정원	미래부 지능정보사회추진단 부단장
김종문	툴젠 대표
김진수	기초과학연구원IBS 단장
김현준	뷰노 CSO
김형석	한국과학기술연구원KIST 강릉분원 천연물연구소 선임연구원
김흥남	전 한국전자통신연구원ETRI 원장
나카지마 슈로	와카야마대학교 교수 일본기술사회
노주원	한국과학기술연구원 SFS융합연구단장
니코 위레임	네덜란드 플라이트 경영매니저
더그 키틀라우스	비브랩스 대표
로버트 호스테	바헤닝언대학교 양돈생산 이코노미스트
로잔너 포스	양돈혁신연구소 연구원
마르튼 라머르팅크	주한 네덜란드 대사관 이등서기관
마사히로 오자키	PWC 파트너
마크 조빈스	퓨어스토리지 부사장
마틴 윌콕스	테라데이터 CTO
문길주	과학기술연합대학원대학교UST 총장
민수홍	프론텍 대표
민승규	전 농촌진흥청장

박인규	서울시립대학교 교수
박정은	한국정보화진흥원 본부장
박진우	스마트공장추진단장
브레드 알렌	넥스트VR 회장
석창규	비즈플레이 대표이사
송희경	자유한국당 비례대표 1번
스티븐 칸	구글 데이드림 헤드
신용현	국민의당 비례대표 1번
심우민	국회입법조사처 과학방송통신팀
쑨 창	북대황그룹 회장
알베르잔 드종	네덜란드 로얄페퍼스 경영매니저
아르요 로트하위스	바헤닝언대학교 연구원
양진수 마크로젠	경영혁신실 부장
오드리 탕	대만 행정원 IT 부문 장관
요시노 데루오	일본 사단법인 OMG 대표이사
웨이제	JC그룹 회장
유병규	산업연구원 원장
윤헌주	미래창조과학부 지식재산전략단장
이경일	솔트룩스 대표
이광호	센터장/기술규제연구센터
이덕환	서강대 교수
이병권	한국과학기술연구원 원장
이상현	산업연구원 박사
이승재	오늘의집 대표
이신두	서울대학교 교수
이용순	한국직업능력개발원 원장
이재영	여의도연구원 부원장
이정동	서울대학교 기술경영정책대학원 교수
이정은	바디텍메드 전무
이정현	전남대학교 식물생명공학부 교수
이정훈	연세대학교 정보대학원 부원장
이현순	두산그룹 부회장
임건택	네덜란드 첨단농업기술자문센터 대표
임태훈	한국과학기술연구원 부원장
장윤종	산업연구원 박사

참고문헌

〈책〉
《2017 한국을 바꾸는 7가지 ICT 트렌드》(KT 경제경영연구소 지음/한스미디어/2016. 11)
《소프트웨어 강국으로 가자》(매일경제 소프트웨어 기획취재팀 지음/매일경제신문사/2015. 9)
《의료, 4차 산업혁명을 만나다》(김치원 지음/클라우드나인/2016. 11)
《미래의 속도》(리처드 돕스, 제임스 매니카, 조나단 워첼 지음/고영태 옮김/청림출판/2016. 11)
《빅데이터 세상》(매일경제 기획팀·서울대 빅데이터 센터 지음/매일경제신문사/2014. 7)
《10년 후 4차 산업혁명의 미래》(미래전략정책연구원 지음/일상이상/2017. 1)
《4차 산업혁명 인공지능 빅데이터》(후쿠하라 마사히로 외 지음/이현욱 옮김/경향BP/2016. 11)
《4차 산업혁명, 새로운 미래의 물결》(김인숙, 남유선 지음/호이테북스/2016. 5)

〈학술자료〉
〈우리나라 노동시장의 유연성과 안전성:현황과 과제〉(국회입법조사처/2015. 12)
〈2016 글로벌 기업 공시 설문조사〉(언스트앤영/2016. 12)
〈로봇 자동화Robotics Automations〉(언스트앤영/2016. 12)
〈재무의 미래는 기술인가 사람인가?Is the future of finance new technology or new people? 연구조사 보고서〉(언스트앤영/2016. 12)
〈THE ROBOTICS REVOLUTION(BCG, 2016) 2016년 한국미래전략학회 학술대회〉(한국미래전략학회/2016. 12. 2)
〈하늘이 준 마지막 기회 : 4차 산업혁명으로 가는 길〉(이민화/2016)
〈미래혁명! 지능정보사회의 올바른 준비〉(지식정보사회 국회포럼/2016)
〈2017년도 미래성장동력 창출 예산안〉(미래창조과학부/2016)
〈제 4차 산업혁명에 대응한 지능정보사회 중장기 종합대책 추진방향〉(미래창조과학부/2016. 12)
〈Preparing for the Future of Artificial Intelligence〉(미국 백악관/2016. 10)
〈FTC Issues Sharing Economy Report〉(FCT/2016. 11)
〈4차 산업혁명 시대의 대응 방향〉(산업통상자원부/2016. 11)
〈2016 World Development Report〉(World Bank Group/2016)
〈computer mediate economy〉(Har. R. Varaian/2001. 03)
〈Next Mega Tech Theme is virtual reality〉(Gene Munster/2015. 03)

4차 산업혁명 시대, 통제하지 말고 스스로 성장하게 하라

스프링클러 이코노미

초판 1쇄 발행 2017년 4월 15일

지은이 매일경제신문 4차 산업혁명 특별취재팀
펴낸이 전호림
책임편집 이동원
마케팅·홍보 강동균 박태규 김혜원

펴낸곳 매경출판㈜
등 록 2003년 4월 24일(No. 2-3759)
주 소 (04557) 서울시 중구 충무로 2 (필동1가) 매일경제 별관 2층 매경출판㈜
홈페이지 www.mkbook.co.kr **페이스북** facebook.com/maekyung1
전 화 02)2000-2633(기획편집) 02)2000-2636(마케팅) 02)2000-2606(구입 문의)
팩 스 02)2000-2609 **이메일** publish@mk.co.kr
인쇄·제본 ㈜M-print 031)8071-0961
ISBN 979-11-5542-645-6(03320)